Os olhos de Laura

Transmissão da Psicanálise
diretor: Marco Antonio Coutinho Jorge

J.-D. Nasio

Os olhos de Laura

Somos todos loucos
em algum recanto de nossas vidas

Tradução:
Claudia Berliner

Revisão técnica:
Felipe Castelo Branco
*Programa de Pós-graduação em Psicanálise,
Instituto de Psicologia/Uerj*

1ª *reimpressão*

Copyright © 1987, 2009 by J.-D. Nasio

Tradução autorizada da edição francesa revista, atualizada e corrigida publicada em 2009 por Éditions Payot & Rivages, de Paris, França

Esta edição retoma, amplamente revista, parte da obra publicada no Brasil em 1991 com o título *Os olhos de Laura: o conceito de objeto na teoria de Lacan*.

Grafia atualizada segundo o Acordo Ortográfico da Língua Portuguesa de 1990, que entrou em vigor no Brasil em 2009.

Título original
Les yeux de Laure: Nous sommes tous fous dans un recoin de notre vie

Capa
Sérgio Campante

Foto da capa
© *Dama com arminho* (c.1490), Leonardo da Vinci

Revisão
Eduardo Monteiro
Eduardo Farias

Indexação
Nelly Praça

CIP-Brasil. Catalogação na publicação
Sindicato Nacional dos Editores de Livros, RJ

N2110   Nasio, Juan-David
         Os olhos de Laura: somos todos loucos em algum recanto de nossas vidas / J.-D. Nasio; tradução Claudia Berliner. — 1ª ed. — Rio de Janeiro: Zahar, 2011.

         Tradução de: Les yeux de Laure: nous sommes tous fous dans un recoin de notre vie.
         Inclui bibliografia
         ISBN 978-85-378-0433-9

         1. Freud, Sigmund, 1856-1939. 2. Lacan, Jacques, 1901-1981. 3. Psicoses. 4. Psicanálise. I. Título. II. Título: Somos todos loucos em algum recanto de nossas vidas.
                                                                    CDD: 150.195
10-4923   CDU: 159.964.26

[2021]
Todos os direitos desta edição reservados à
EDITORA SCHWARCZ S.A.
Praça Floriano, 19, sala 3001 — Cinelândia
20031-050 — Rio de Janeiro — RJ
Telefone: (21) 3993-7510
www.companhiadasletras.com.br
www.blogdacompanhia.com.br
facebook.com/editorazahar
instagram.com/editorazahar
twitter.com/editorazahar

Sumário

Prefácio à nova edição
O que é estar louco?   7

Os olhos de Laura: o analista percebe uma emoção
em estado puro, destacada do paciente que a sente   13

1. A transferência simbólica   27

2. As formações do objeto *a*   53

3. A foraclusão local: um conceito novo para entender melhor a psicose e explicar por que cada um de nós passa inevitavelmente por momentos de loucura   79

4. Objeto *a* e foraclusão   109

5. Excertos das obras de S. Freud e de J. Lacan sobre a foraclusão precedidos de nossos comentários   125

6. Seleção bibliográfica sobre a foraclusão   137

Notas   141
Índice temático   151
Índice de nomes   157
Índice geral   161

Prefácio à nova edição
O que é estar louco?

Passaram-se 22 anos desde a edição original de *Os olhos de Laura*, 22 anos ao longo dos quais a psicanálise evoluiu, a prática se modificou e a teoria se enriqueceu. Entretanto, o conteúdo deste livro conserva grande atualidade, já que o problema que procura esclarecer continua intensamente atual. Que problema? O da perturbação do funcionamento mental de uma pessoa – geralmente sadia, às vezes doente – que perde o contato com a realidade. Essa perturbação, que chamamos simplesmente de loucura ou de psicose, continua sendo hoje, no começo do século XXI, um dos mais antigos fenômenos patológicos ainda incompreendidos. Nas páginas que se seguem, esforcei-me, na esteira de Freud e de Lacan, para elucidar o mecanismo íntimo da psicose; da psicose entendida como um distúrbio mental numa pessoa doente, mas também como uma loucura passageira e limitada a um único aspecto da vida em uma pessoa sadia. Toda a nossa obra é uma tentativa de precisar, aprofundar e formalizar, do ponto de vista psicanalítico, a ruptura do sujeito com a realidade; ruptura estrondosa e por vezes duradoura no doente psicótico, mais discreta e momentânea no sujeito normal.

Antes de examinar o mecanismo que provoca essa ruptura, ao qual denomino **foraclusão local**, gostaria de justificar o subtítulo de nosso livro, que estende a psicose a cada um de nós. Com efeito, a loucura não se traduz necessariamente por uma conduta bizarra ou perigosa. Sempre achamos que psicose é sinônimo de doença mental, quando, na verdade, ela pode se manifestar por um comportamento excessivo, por um microdelírio ocasional em uma pessoa sadia, inclusive nós mesmos. Com efeito, todos conhecemos pessoas que geralmente se comportam de modo plenamente coerente, mas que, em determinado terreno sensível de suas vidas (dinheiro, sexo, doença, trabalho, divórcio, filhos etc.), escorregam, reagem de maneira desproporcional e, movidas pela certeza de estarem com a verdade, ficam loucas, localmente loucas. Essa loucura efêmera está fundamentada em uma ideia falsa, em uma fantasia, em um argumento inventado em que o outro se torna persecutório e responsável por nosso sofrimento. Logo, o que é estar louco? É ter a certeza cega da verdade do que se pensa e do que se faz. Diferentemente do neurótico que *duvida* dos fundamentos do que pensa ou faz, o louco que às vezes somos, no momento mesmo de sua loucura, não duvida e, sem refletir, *sabe* o que deve fazer; o afeto é mais forte que a razão. Estar louco é ir obstinadamente atrás da nossa ideia, uma ideia fixa e falsa que se repete, toma conta de nós e nos impele a agir. Estar louco é não ouvir mais nada além do que se quer ouvir. É isso a ruptura psicótica com a realidade! A mente cega curva a realidade à sua ideia, ao invés de submeter sua ideia à realidade.

Portanto, é possível afirmar que, ainda que equilibrada, uma pessoa esconde, enquistada em um recôndito de sua mente, uma fantasia virulenta prestes a explodir num acesso de loucura, como um microdelírio circunscrito e ocasional. Postulo que todo indivíduo é uma pluralidade de pessoas psíquicas, ou seja, há uma multiplicidade de estados subjetivos, sadios e doentes coexistindo nele. Acreditamos que somos "um", quando, na verdade, somos "vários". Ora, entre esses "vários" que nos compõem, alguns permanecem sob o domínio de uma fantasia venenosa. Logo, o psiquismo global de um indivíduo poderia ser concebido como um sistema folhado, uma espécie de mil-folhas montado em uma multiplicidade de planos superpostos. Se eu tivesse de descrever meu espaço mental, diria: *Sou uma pluralidade de pessoas psíquicas, geralmente normais, por vezes patológicas, empilhadas e ligadas entre si por um fio invisível que consolida minha unidade.* Essa ideia de um *sujeito folhado*, que venho expondo desde 1979, ajudou-me a explicar por que um psicótico grave, por exemplo, conserva regiões saudáveis em seu psiquismo; ou, inversamente, por que um indivíduo perfeitamente normal nos seus relacionamentos cotidianos pode ficar circunstancialmente delirante, ou seja, localmente psicótico, quando está sob a influência de uma cena fantasiada patogênica.

O conceito de foraclusão local

Porém, quer o comportamento delirante apareça em uma pessoa doente ou em uma pessoa sadia, coloca-se a questão: qual é o mecanismo que precipita o sujeito para fora da realidade, quer dizer, que o aliena à sua fantasia tóxica? Entre as diferentes hipóteses (neurobiológica, genética ou cognitiva) que procuram explicar o fenômeno psicótico, a hipótese psicanalítica é uma das mais úteis para a clínica. Ela considera que a psicose, quer surja na adolescência ou na idade adulta, é uma desestruturação psíquica que se declara depois de uma incubação de vários anos. De fato, a psicose é a consequência tardia de um trauma infantil do qual o eu não cuidou direito. A perturbação psíquica em um adulto resultaria de um reflexo ruim do eu para amortecer o choque de um trauma ocorrido quando ainda era criança. Quero insistir: a origem de uma psicose não é o trauma em si, é a reação *ruim* do eu contra o trauma. Ora, sabemos que um remédio ruim pode ser pior que o mal que ele combate. Foi seguindo precisamente esse princípio que Freud qualificou a psicose de "psicose de *defesa*", para que ficasse claro que a causa da psicose é a defesa. Com efeito, todas as entidades psicopatológicas teriam como explicação a mesma origem: uma defesa ruim. A teoria freudiana das neuroses, das psicoses e das perversões está baseada justamente no princípio de que uma defesa ruim é pior que o mal que ela quer afastar. No caso da neurose, o remédio ruim, a defesa ruim, se chama *recalcamento*; é o recalcamento a verdadeira causa das neuroses. E no caso da psicose, a defesa ruim se chama *foraclusão*.

O que é a foraclusão? A palavra "foraclusão", oriunda do vocabulário jurídico, foi proposta por Lacan para nomear uma grave falha psíquica na resposta do eu ao impacto violento de um trauma infantil. Para entender claramente em que consiste a foraclusão, devemos compará-la com o banal recalcamento do neurótico. Ambos, *recalcamento* e *foraclusão*, são defesas destinadas a impedir a lembrança de um fato penoso, no caso do recalcamento, ou impedir de sentir a violência do choque traumático, no caso da foraclusão. Recalcar um fato angustiante significa esquecê-lo. Comumente, é a atitude que todos adotamos para amortecer os golpes da vida: tentamos esquecer. Mas foracluir é algo totalmente diferente de recalcar. Para o futuro psicótico, foracluir um choque traumático significa opor a ele uma rejeição categórica e definitiva. É uma recusa radical de revelar o golpe do trauma, de apreender sua significação e até mesmo de sentir a dor que ele causa. Penso naquele jovem, hoje psicótico, que, quando criança e muito apegado ao pai, recebeu a notícia da morte acidental deste com total indiferença. Ele ficou brincando e rindo em meio à família enlutada, como se nada tivesse acontecido. A foraclusão é uma anestesia das sensações e, portanto, da consciência do que é percebido. Percebo o acontecimento perturbador, mas não sinto nada nem reconheço a violência que ele significa. Percebo sem saber o que percebo. Ora, o preço de uma recusa tão absoluta do impacto traumático é alto. Ela desencadeia inexoravelmente abalos sísmicos que, insidiosamente, durante o período de incubação da psicose, vão fraturar o psiquismo do sujeito até a manifestação dos primeiros sintomas psicóticos. Diferentemente do recalcamento, que é uma defesa suportável (esquecimento), a defesa foraclusiva (recusa absoluta de sentir e de saber) é tão veemente que provoca uma falha séria no eu. Quando uma criança foraclui um trauma, produz-se imediatamente um branco, um buraco mental que perturba o sistema psíquico e anuncia a psicose. Quase todos os distúrbios psicóticos, como o delírio, a alucinação, a despersonalização, ou então o que chamei de microdelírio ocasional em uma pessoa sadia, são resultantes da tentativa desesperada do eu de colmatar a brecha outrora aberta pela brutalidade da recusa foraclusiva. É certo que o trauma foi uma violenta agressão para a criança, mas a defesa foraclusiva com que seu eu ainda imaturo tenta negar a agressão é mais violenta ainda. A defesa contra o mal é mais nociva que o mal que ela pretende combater. Incapaz de sentir e de reconhecer o trauma, o eu fratura, inevitavelmente. Em suma, *recalcar* quer dizer admitir a situação penosa e depois esquecer, ao passo que *foracluir* quer dizer, ao contrário, escotomizar o trauma a ponto de mais tarde tornar o sujeito psicótico, nem que seja *localmente*. Digo "localmente" para lembrar que o trauma e a foraclusão que o ignora afetam apenas uma das folhas entre as diversas que compõem o eu. Por isso qualifiquei a foraclusão de **local**. É verdade que existem muitas hipóteses psicanalíticas, neurocientíficas e genéticas sobre a origem da doença mental, mas a da foraclusão local – verdadeira cegueira psíquica diante de um trauma infantil – é, a meu ver, uma das mais úteis para escutar o fato psicótico que ocorre tanto em uma pessoa sadia quanto em uma pessoa doente.

    Uma última palavra. Espero que meu leitor me desculpe por submeter sua atenção e sua paciência a uma rude prova. Este livro, escrito na língua fecunda embora difícil da teoria lacaniana, é um livro de pesquisa. É um apelo ao pensamento para entender melhor o motor profundo do fato psicótico. Meu maior desejo seria que a leitura destas páginas modificasse em você, leitor atento, a escuta de si mesmo, isto é, dos seus momentos de loucura e, caso você seja um clínico, a escuta das manifestações psicóticas de todos aqueles que se tratam com você.

Os olhos de Laura:
o analista percebe uma emoção
em estado puro, destacada
do paciente que a sente

Termino a sessão, acompanho a paciente até a porta e marco horário para que ela volte no dia seguinte. Minutos depois, saindo do consultório para buscar minha correspondência, surpreendo-me ao encontrar Laura aos prantos no hall do prédio. Nada na sessão permitira prever sua desolação. Trocamos um olhar fugidio e, vendo-a chorar, paro, dou meia-volta e volto sobre meus passos. Nesse preciso momento, impõe-se-me uma viva impressão assim sonorizada: "Vi olhos chorarem." E me ouço repetir: "Não vi alguém chorar, vi olhos chorarem." Como se nos fosse possível perceber uma emoção em estado puro, destacada daquele que a vive. Pouco depois, eu já estava em outro lugar, absorto no trabalho com os outros analisandos; o esquecimento tinha vindo executar sua tarefa corriqueira de tudo apagar.

Laura é uma jovem que procurou análise dois anos antes, depois do suicídio da irmã. Na época, uma profunda tristeza, enxaquecas e vertigens eram os sinais de um luto por fazer.

Naquela mesma noite, eu comentaria com colegas um excelente artigo de Freud dedicado às paralisias histéricas.[1] Já tivera a oportunidade de apresentá-lo em outras circunstâncias e nenhum dos argumentos expostos nesse pequeno texto para explicar a origem das conversões histéricas me era desconhecido. Contudo, durante a discussão ganhou destaque uma proposição teórica que iria fazer diferença no curso da análise com Laura. Antes de formular essa proposição, porém, detenhamo-nos por um instante e acompanhemos a argumentação freudiana nesse escrito.

Freud convoca os psiquiatras a reconhecer que a lesão que determina a paralisia histérica não é uma alteração real dos tecidos nervosos, mas uma alteração virtual localizada em uma anatomia muito especial, construída e reconstruída simbolicamente pela histeria. Essa anatomia simbólica onde se localiza a lesão virtual, causa da paralisia, é a anatomia de um corpo bizarro, eminentemente imaginário, que resulta de uma recusa e de uma criação. Recusa primeiramente, porque o paciente histérico ignora e faz questão de ignorar o corpo tal como é definido pela medicina. Criação em segundo lugar, porque sobre essa recusa, sobre esse "nada querer saber" a respeito do saber médico, ele erige uma concepção bem própria do que é um corpo. No lugar da anatomia dos médicos, o histérico inventa um saber sobre o corpo, organiza *simbolicamente* a anatomia desse corpo virtual, do qual se impregna e no qual impregna seu corpo vivo. Mas quais são exatamente o lugar e a natureza dessa lesão virtual, causa do sintoma histérico de conversão? Para responder, devemos entender, por um lado, que a anatomia simbólica da histeria não é feita de órgãos reunidos, mas de *ideias* reunidas, da reunião de diferentes ideias (representações ou então imagens) que o histérico tem de cada órgão e de cada parte de seu corpo; e, por outro, que um ataque no plano dessa reunião ideativa se traduzirá por uma paralisia bem real. Uma alteração nas ideias provoca uma alteração na motricidade. Se admitirmos que a anatomia da histeria é uma anatomia feita de ideias, teremos de admitir que a lesão que provoca a paralisia é uma lesão nas ideias, uma anomalia entre as ideias: uma determinada ideia, por estar excessivamente investida de afeto, não chega a se integrar ao conjunto das ideias que refletem as outras partes do corpo. A paralisia histérica de um braço, por exemplo – paralisia bem concreta –, poderia ser explicada pela ruptura da relação entre a ideia de braço e as ideias das outras partes do corpo associadas ao braço. "Logo, a lesão seria", escreve Freud, "a abolição da acessibilidade associativa da concepção do braço. O braço se comporta como se não existisse para o jogo das associações."[2] Eu diria, a ideia de braço se isolou das outras ideias na mente do histérico e, por isso, seu braço real cessou de se movimentar.

Não temos a intenção, aqui, de desenvolver a tese freudiana sobre essa lesão virtual que estaria na origem da paralisia histérica. Interessa-nos, no entanto, enfatizar um problema bem definido, que Freud se contenta em mencionar apenas de passagem. Esse problema nos levará precisamente à proposição que mais tarde fará diferença na análise com Laura. Perguntemos: com que materiais o sujeito histérico molda sua anatomia imaginária, seu corpo mental? E respondamos: com formas imaginárias (bonecas, fotografias de moda, roupas etc.), formas que ele filtra através de seus sentimentos, de sua percepção tátil e, sobretudo, de sua percepção visual. São essas formas e as singularidades dessas formas que, uma vez percebidas pelo histérico, carregarão de grande valor afetivo a ideia de determinado órgão ou de determinada parte do corpo. A ideia isolada, inacessível ao conjunto das outras ideias, será inacessível porque uma forma imaginária veio investi-la, hipertrofiá-la e sobrecarregá-la afetivamente. Mas, rigorosamente falando, o que sobrecarrega libidinalmente a ideia não é a forma imaginária em si, mas a percepção sensual, afetiva e inconsciente dessa forma. Está tudo dado na maneira como o histérico percebe as formas imaginárias, erotizando os contornos, as cores e a textura dos objetos que ama. Empregamos até agora o atributo de "simbólico" para designar o estatuto da anatomia psíquica construída pela histeria. Na verdade, melhor seria apurar nossas afirmações e dizer que a anatomia é *simbólica* enquanto ficamos na perspectiva que a define como uma reunião de ideias (representações), mas que ela se torna *fantasística* se introduzirmos a pregnância da percepção sensual, sexualizada, das formas imaginárias de nosso próprio corpo ou do corpo daqueles que nos atraem. Quais são, porém, essas formas imaginárias? São sobretudo formas corporais. Para Freud, a anatomia fantasística da histeria é amplamente influenciada pela concepção popular dos órgãos e do corpo em geral (influência da moda, por exemplo), sem esquecer, é claro, o impacto das percepções táteis e, principalmente, visuais. A concepção popular do corpo que, sem que o histérico se dê conta, ensinou a ele o que é um órgão é o corpo de uma figura humana grosseiramente esboçada, primitiva, um pouco maciça, composta como se compõem as peças de um traje. Conforme o corte e a arte do alfaiate, a figura estará de acordo com o vestuário da moda à época e poderá ser vista, tocada e apalpada. Flexível, maleável e desmontável como um bonequinho de pano ou, simplesmente, como uma boneca que a gente abraça, cheira, tritura e destrói, assim é o ser imaginário de que o histérico se embebe e em cujo modelo se baseia para inventar a anatomia simbólica e fantasística do próprio corpo. Uma particularidade dessa boneca sensual, tal como uma expressão do rosto, um olhar, um machucado ou uma mancha, percebida pela criança com emoção, poderá vir a ser uma das causas de um futuro sintoma histérico. Desse ponto de vista, a célebre teoria do trauma da sedu-

"Para o histérico, uma perna é a perna até sua inserção no quadril, e um braço é a extremidade superior tal como se desenha sob a roupa."
Freud

ção na gênese da histeria deveria ser referida a esse substrato material que uma boneca significa na vida de uma histérica. Se a sedução traumática (abuso sexual) sofrida por uma criança muitas vezes está na origem da histeria, seria o caso de completar agora dizendo que a lembrança da cena de sedução – real ou inventada – é alimentada com detalhes já registrados na memória afetiva e sensorial do histérico. *O histérico não pode sofrer um trauma – real ou inventado – que a boneca imaginária de sua infância já não tenha sofrido.** Surgia assim a proposição que iria fazer diferença durante a análise de Laura: em presença de um braço paralisado, por exemplo, o psicanalista remontará não só à ideia de braço que o paciente possa ter forjado, mas também a todas as figuras do mundo imaginário e infantil – boneca, vestido ou foto – nas quais o braço se destaca do resto.

Notemos de passagem que, caso se aceite a influência das formas imaginárias no desencadeamento de uma conversão histérica e talvez de outros sintomas, infere-se que as

> *"Onde foram parar as histéricas de antigamente, essas mulheres maravilhosas: as Anna O., as Emmy von N.? ... Foi pela escuta delas que Freud inaugurou um modo inteiramente novo de relação humana."*
> Lacan

---

* Constatei muitas vezes que o trauma na origem de uma neurose histérica era, na verdade, um **trauma que o paciente tomava emprestado** da boneca mais importante de sua infância. Como se a criança, futura histérica, imaginando que sua boneca foi maltratada, tivesse se identificado com ela na condição de vítima.

modalidades e a frequência dos distúrbios histéricos dependem intimamente do imaginário dominante em uma determinada época. Nossos histéricos de hoje jamais serão os histéricos de Charcot, entre outras coisas porque o imaginário da época de Charcot não é o nosso. Os bonecos e bonecas daquele tempo desapareceram, levando consigo os histéricos de outrora.

*

Na manhã seguinte, voltei a me sentar na poltrona de analista, um pouco influenciado por essas reflexões que brotaram do texto de Freud. Embora aberto à minha paciente, ainda tinha em mente a conclusão que tirara do debate da noite anterior: a de que, diante de um sintoma, era preciso remontar às bonecas imaginárias e a seus significantes que pudessem ter intervindo na gênese da histeria. Sem deixar de notar também que a incidência dessas bonecas traumatizantes provavelmente não se limitava à histeria, concorrendo, quem sabe, para a produção dos sintomas em geral.

Naquela manhã, foi com essa disposição que recebi Laura, e, vendo-a instalar-se no divã, lembrei-me de repente da impressão da véspera no hall do edifício: "Vi olhos chorarem." Sem qualquer nota dramática, a analisanda evocou de saída o choro que se seguiu ao final da sessão anterior. Apesar de sua alusão à cena do hall, eu não pretendia abordar por ora o olhar que tinha chamado a minha atenção. Enquanto ela falava, meu pensamento já não estava nas bonecas da teoria com a qual eu tinha me disposto a escutá-la; estava excessivamente tomado pela imagem de seus olhos em lágrimas. Contudo, ao mesmo tempo em que a escutava e me escutava dizer – em silêncio – que eu tinha visto olhos chorarem, ressurgiu meu interesse teórico pelos personagens imaginários portadores de um significante que intervêm na formação de um sintoma. Esse interesse se traduzia então em uma pergunta que eu me formulava assim: e se os olhos que tinham se imposto a mim, destacados da pessoa da analisanda, autônomos e ocupando todo o campo de minha visão, remetessem a olhos de bonecas que a pequena Laura talvez tivesse amado? Num momento de virada da sessão, expus minha questão e, sem fazer referência aos olhos, apenas lhe pedi que falasse das bonecas de sua infância. "Minhas bonecas?", disse ela. "Eu não tinha nenhuma; o que eu tinha eram bonecos bebês, bonecos duros e não molinhos e suaves como os de borracha que existem hoje. Ah! Agora lembro, havia também um boneco de outro tipo. Na verdade, não era um boneco, mas uma criança pintada em uma tela. Uma criança triste, com grandes olhos tristes e uma pomba na mão." Antes mesmo que ela terminasse a frase, impressionou-me ouvi-la dizer precisamente o que eu tinha decidido calar: os olhos tristes do menino do qual ela estava falando talvez fossem os mesmos que eu tinha visto chorar. Essa relação entre os olhos do menino triste e os seus próprios me parecia uma coincidência tão flagrante que já não havia nada que me impedisse de lhe comunicar minha impressão da véspera.

No instante em que eu ia intervir, ressurgiu em mim outra evocação. Laura muitas vezes me falara do olhar triste da irmã. A duplicação dos olhos tristes tornava-se, então, um encadeamento inexorável: à tristeza do olhar que tinha chamado a minha atenção somava-se a tristeza do olhar do menino da tela e, depois, a do olhar da irmã morta. Eu estava, involuntariamente, estabelecendo uma reconstrução que correspondia à teoria que eu tinha extraído do texto de Freud: a tristeza do olhar do menino do quadro teria influenciado a irmã quando, pequena, ela via permanentemente aquela imagem na sua frente. De tanto viver sob o olhar melancólico do menino, ela deve ter ficado impregnada de seu desespero até sucumbir, anos depois, a um impulso suicida. Eu tinha começado a sessão buscando as bonecas da minha paciente e estava agora capturado pelo laço entre um menino triste pintado em uma tela e a tristeza de uma irmã. Minha reconstrução descentrava-se da relação dual com Laura e, em vez de me interrogar sobre seu próprio olhar, voltava-me para esse terceiro, representado por sua irmã, e dizia para mim mesmo que esta tinha absorvido inconscientemente a tristeza do olhar do quadro. Entre os olhos da analisanda e os de um ser imaginário que teria feito diferença em sua vida (o menino do quadro), tinham se instalado agora os olhos de uma irmã.

> *"Meu inconsciente é capaz de perceber um objeto que meu olho só reconhecerá depois."*
> Freud

Impregnado por essa minha reconstrução, intervim finalmente e, com pouquíssimas palavras, limitei-me a lhe comunicar a impressão que tivera na véspera de ter visto não ela chorar, mas olhos chorarem. Sem parecer dar muita importância ao meu dizer, continuou a rememorar: "A empregada da casa", disse ela, "Maria, uma espanhola que cuidou de mim durante toda a infância, sempre me colocava em rivalidade com a criança do quadro, ameaçando fazê-lo ocupar meu lugar se eu não a obedecesse. Esse menino era muito importante para mim e para Maria." Sem deixar de ouvir o que ela dizia, eu continuava influenciado pela minha reconstrução que tentava explicar o destino infeliz de sua irmã. Deixando-me guiar nessa direção, perguntei-lhe em que cômodo da casa a tela estava pendurada. "O quadro não estava no meu quarto", respondeu ela, "mas no da minha irmã, pendurado na parede, na frente da cama dela." E eu sublinhei: "No quarto da sua irmã?" Laura fez silêncio; um silêncio que não era uma simples pausa antes de retomar o relato, mas um silêncio-ato com toda a força de um assentimento. E como se ela tivesse subitamente estabelecido a mesma relação que eu, perguntou: "O quê? ... Você acha que essa criança do quadro tem relação com o que aconteceu com a minha irmã? ... Eu nunca teria pensado nisso. Mas isso me lembra uma coisa relacionada com a empregada. Maria começou a trabalhar em nossa casa logo depois de ter perdido sua filhinha num acidente de carro. Lembro que, sendo eu a sua preferida, sempre tive a vaga sensação de substituir sua filha morta. E agora que estamos falando do quadro da criança triste, percebo o quanto essa criança com a qual ela me comparava tão frequentemente devia lembrar-lhe sua filhinha morta."

É claro que a analisanda estava falando de si e da menininha morta, ambas encerradas na tristeza da criança pintada na tela. Contudo, eu tinha certeza de que ao evocar sua lembrança, era na verdade da irmã que ela estava falando. De sua irmã, dela e do lugar do quadro na infância delas. Mais ainda, ao falar da menininha, ela parecia procurar confirmar quase deliberadamente minha reconstrução: era muito provável que aquele quadro, coisa do imaginário, estivesse na origem de uma morte real. A partir do instante em que, logo depois da minha observação sobre o quarto, Laura ficou silenciosa, a sessão mudou. A analisanda já não era a mesma e o psicanalista tampouco. Aquele silêncio era um silêncio compacto de certeza. No momento em que ela tinha entendido e concluído que os olhos tristes da criança do quadro talvez estivessem ligados à morte de sua irmã, a paciente modificou sua posição de sujeito. Antes daquele instante de silêncio, ela rememorava; depois daquele instante, ela fazia mais do que rememorar, ela estava no olhar da irmã, confundida com ele. Em uma lembrança encobridora, ela dizia ter ocupado para Maria o lugar da menininha morta, mas na fantasia inconsciente que essas mesmas palavras e minha escuta atualizavam, ela ocupava esse outro lugar de ser os olhos da irmã. Os mesmos olhos, talvez, que eu tinha visto.

Interrompamos esses relatos no ponto mesmo em que o desejo do analisando e o desejo do analista viram um desejo só, o da relação transferencial.

Na verdade, a analisanda não estava falando da irmã, nem da menininha morta, nem da criança triste do quadro, nem mesmo de sua própria tristeza, que tinha chamado a minha atenção na véspera. Tampouco estava falando da morte que, contudo, tanto a havia aterrorizado no dia em que foi a primeira a descobrir o corpo inerte da irmã. Não, durante esse fragmento de análise, não se tratava nem da morte nem da tristeza, mas de um lugar em que se condensava em silêncio e de modo maciço a transferência em jogo. Durante esses fragmentos de sessões, os olhos eram mais do que veículos de uma tristeza ou de uma morte que eles encarnavam e transmitiam em uma estranha filiação. A paciente falava e o analista escutava uma única coisa, sempre a mesma, que atravessava e interligava como um fio todos esses olhos, incluindo os meus. A esse lugar, essa coisa sem substância, muda, destacada dos seres que assim se sucederam, damos, por convenção de linguagem, o nome físico de *olhar*.[3] É ali, nesse olhar sem sujeito, acéfalo, produzido entre uma escuta e um dizer, que a transferência se realiza e que o inconsciente existe.

Alguns dias depois, na sessão seguinte, a analisanda me relatou uma fala de sua mãe. É com essa fala que eu gostaria de concluir:

"Quando, ontem, fui perguntar à minha mãe onde tinha ido parar aquele quadro, ela me respondeu: 'Mas ele continua num dos quartos! É engraçado, esse menino com a pomba seguiu vocês a vida toda.'"

*

Não gostaria de encerrar este capítulo sem indicar em que momento dessa vinheta clínica reconhecemos a **foraclusão local** tal como a definimos em nosso *Prefácio*: uma percepção afetivamente insensível, sem consciência do que é percebido; uma verdadeira *assimbolia*. A foraclusão, escrevemos, é uma anestesia das sensações e, portanto, da consciência do que é percebido. Eu percebo, mas não sinto nada e não sei o que percebo. Pois bem, penso que a tristeza profunda da irmã de Laura, tristeza que a levou ao suicídio, era o efeito de uma lenta impregnação da tristeza que emanava de um quadro que estava permanentemente diante de seus olhos. Acho que a percepção cotidiana daquele quadro, todas as noites de todos os anos de uma infância e de uma adolescência, poderia ser da ordem de uma **foraclusão local**, isto é, de uma percepção fria, sem consciência do que é percebido. Deixo para o leitor o cuidado de imaginar outras interpretações possíveis dessa crônica de um olhar, mas mantenho aqui a ideia de que o suicídio da jovem irmã de Laura foi o trágico desfecho de uma penetração microtraumática, mil vezes repetida, de uma tristeza pintada que embebeu a menininha e, mais tarde, a adolescente, sem que esta se desse conta e menos ainda a simbolizasse. Em suma, a criança viveu sob a influência de um quadro que inoculou nela sua tristeza.

Gostaria de fazer agora outro comentário, dessa vez relativo ao momento em que percebo os olhos de Laura recortados de seu rosto. O que aconteceu? Em que estado subjetivo eu estava para captar olhos que choram destacados de quem chora? Gostaria de responder propondo-lhes um conceito que forjei recentemente (2006), o de **foraclusão voluntária do psicanalista**[*] quando ele escuta. É uma expressão que designa a operação mental necessária para criar no analista o estado mais propício para a escuta do inconsciente de seu analisando. O que é a foraclusão voluntária? É

---

[*] Ver também p.45, 48n, 86.

uma intensa concentração voluntária do psicanalista até esvaziar seu eu de todos os ruídos e preocupações cotidianas que o agitam e instalar o silêncio em si. É então que, nesse silêncio interior, ele percebe em si o que habitualmente fica imperceptível, a emoção **inconsciente** do outro, ou seja, a emoção que habita o outro no mais profundo de si e que ele ignora. Assim, ele capta a emoção em estado puro, destacada daquele que a vive e... que não sabe que a vive. Em suma, o psicanalista afasta (foraclui) as produções afetivas e ideativas de seu eu para criar um vazio em si e deixar surgir no espaço de seu silêncio interior as produções inconscientes de seu analisando. Parafraseando a famosa fórmula de Freud que comparava o analista ao paranoico, terminarei com as seguintes palavras: **ao instrumentalizar a foraclusão – operação originalmente mórbida –, o analista é bem-sucedido ali onde o alucinado fracassa.** Enquanto o alucinado sofre por estar alienado ao objeto de sua alucinação, o analista, apesar de estar absorvido pelo que percebe dentro de si, consegue se dissociar e saber que o que ele percebe não é seu, mas do inconsciente de seu paciente.

> "O pintor [o psicanalista] deve fazer calar em si todas as vozes dos preconceitos, esquecer, fazer silêncio, ser um eco perfeito. Então, sobre sua chapa sensível, toda a paisagem se inscreverá."
>
> Cézanne
>
> Eis uma belíssima máxima que define claramente o que chamo de **foraclusão voluntária do psicanalista**.

1. A transferência simbólica

O surgimento de um dito inesperado na fala
do paciente funda a transferência simbólica

O inconsciente é um saber porque sabe se manifestar
nos momentos mais propícios do tratamento

O dito do paciente é não só um signo,
mas também um significante

O par significante:
o significante Um e os significantes outros

Duas proposições sobre a transferência simbólica:
o inconsciente só existe quando se exterioriza;
e *só existe inconsciente compartilhado*

A interpretação é o retorno ao analista
do recalcado do paciente

Tese final sobre a transferência simbólica:
o inconsciente e a transferência são uma única e mesma coisa

O surgimento de um dito inesperado na fala do paciente funda a transferência simbólica

Ao invés de abordar diretamente a **_foraclusão local_**, compreendida como o mecanismo gerador do fato psicótico e, mais particularmente, do que chamaremos formações do objeto *a* (alucinação, passagem ao ato, delírio etc.), preferi redefinir previamente o inconsciente, demonstrar sua homologia com a transferência simbólica que liga analista e paciente e distinguir o recalcamento (mecanismo gerador das formações do inconsciente) da foraclusão local (mecanismo gerador das formações do objeto *a*). Enquanto as formações do inconsciente são estruturadas como uma linguagem e o recalcamento é seu operador principal, as formações do objeto *a* são heterogêneas à linguagem e a foraclusão local, seu operador principal. Comecemos, pois, por estudar o inconsciente e a transferência simbólica.

*

O termo "experiência psicanalítica" não designa nem o procedimento de uma análise, nem sua resolução. Nomeia, em sentido estrito, um acontecimento único, mas repetido ao longo de um tratamento analítico. Um tratamento é um percurso balizado por experiências sucessivas e pouco frequentes, cada uma das quais é uma singularidade, um ponto de variação brusca e decisiva da relação entre o psicanalista e seu paciente. Pontual, pouco frequente e aparentemente ainda insignificante, a experiência constitui, contudo, a única conjuntura da qual se extraem os conceitos centrais de inconsciente e de gozo.

Mas em que consiste essa conjuntura tão crucial? Em primeiro lugar, é um acontecimento que o psicanalista espera. Um acontecimento que não se deve imaginar como sendo um acontecimento-ação. Não há nele nada da ação manifestada em uma extensão física que siga o tempo do relógio. Parece-se, antes, com um ponto geométrico: só existe pelas coordenadas que o posicionam. Contudo, um sinal sensível permite reparar nele: a discordância no relato do paciente e o espanto que ela provoca. Tomemos o exemplo clássico do sonho: o que importa para o psicanalista não é o sonho em si, nem os tradicionais símbolos oníricos e seu deciframento. Não, nossa expectativa está em outro lugar, trata-se de ouvir como o paciente nos conta seu sonho e sobretudo como ele não consegue contá-lo bem. O que importa – e veremos por quê – são as rupturas do relato, os esquecimentos ou as hesitações na lembrança de determinado detalhe. Ora, seria errôneo pensar que a psicanálise se reduz a fenômenos da linguagem. É certo que ela opera tão somente pela fala, mas essa fala não tem qualquer valor analítico se não for uma fala rompida e titubeante. Insistamos: a fala só interessa a nós, analistas, quando tropeça e falha. Mas isso não basta para que haja acontecimento, ainda é preciso que o paciente fique perturbado, emocionado até, ou seja, que seu corpo seja afetado por essa fala rompida.

O psicanalista pode ser levado a se interessar pela vida social ou profissional de seu paciente, ou então por sua saúde, mas todos esses registros constituem para ele apenas o contexto do acontecimento. O analista não é nem linguista nem sociólogo, nem médico nem psicólogo. Para que haja *o* psicanalista, é preciso bem mais que um divã e uma poltrona, um fluxo de palavras e sua escuta, é preciso que essa fala seja *quebrada* e que o corpo seja afetado por isso. Essas duas instâncias, uma relativa à linguagem (discordância), outra relativa ao corpo (emoção), demarcam o campo específico da psicanálise. Esta deixa para outras disciplinas o exame do estatuto psicológico, social e biológico do ser e apenas retém, como objeto próprio, o ser que fala e que sofre.

Enquanto o primeiro princípio psicanalítico trata o inconsciente como a causa da discordância na fala, o segundo postula o gozo como efeito no corpo da discordância linguageira. Por isso a experiência analítica, definida pelo encontro de uma fala que falha com um corpo que goza, é a base sobre a qual se ergue o edifício teórico da psicanálise.

O modo de conduzir o tratamento e as questões que o analista apresenta e se apresenta dependem estritamente de como ele concebe esses dois conceitos centrais que são o inconsciente e o gozo. Entenda-se bem, essas noções fundamentais nem sempre se apresentam na prática de forma explícita, elas agem como pressupostos implícitos, *a priori* até, que determinam tanto uma intervenção precisa em relação ao paciente quanto a escolha de um problema teórico para tratar. Gostaria de mostrar ao leitor que nossa teoria da transferência e da interpretação do psicanalista, bem como os problemas que daí derivam, decorrem diretamente de nossa concepção do inconsciente. Se extrairmos rigorosamente todas as consequências da definição lacaniana do inconsciente – "O inconsciente é estruturado como uma linguagem" – seremos levados a entender a relação com nossos pacientes de uma maneira decididamente nova que resumirei no final deste capítulo.

Existem dois tipos de vínculos transferenciais durante um tratamento analítico. O primeiro, pertencente à dimensão *simbólica*, estabelece-se por ocasião da exteriorização pontual do inconsciente num ou noutro dos parceiros da análise. O segundo vínculo transferencial, inscrito na dimensão *imaginária*, é estabelecido pelos sentimentos de amor e de ódio que o analisando sente em relação a seu psicanalista, bem como pelas fabulações e ficções que esses sentimentos suscitam. A transferência imaginária é a condição da transferência simbólica: sem o amor, o ódio e a proliferação das ficções transferenciais não poderia haver o encontro simbólico que, em um breve instante, dentro ou fora do espaço das sessões, sela a relação do paciente com seu analista.

Neste primeiro capítulo, a partir do conceito fundamental de inconsciente, estudaremos a transferência simbólica e concluiremos com duas proposições e uma tese final. Teremos, assim, aberto caminho para nos ocuparmos do estatuto do objeto *a* no tratamento.

O inconsciente é um saber porque sabe se manifestar nos momentos mais propícios do tratamento

O que é exatamente esse inconsciente sobre o qual os psicanalistas pensam e fundamentam sua prática? Partamos do fato inaugural da descoberta freudiana, fato reproduzível no corriqueiro de cada tratamento analítico: o sujeito diz sem saber o que diz.

Seja na forma de uma lacuna (esquecimento) ou, ao contrário, de uma palavra a mais que vem ocupar o lugar de outra (lapso), a ruptura do relato do paciente é considerada pela psicanálise uma singularidade local denominada *dito*. O paciente fala e constrói suas frases, mas quando ele diz, ou seja, quando ele se engana ao falar, o dito lhe escapa. Escapa-lhe duas vezes. Primeiro, porque ele diz mais do que gostaria; o dito se impõe então a seus olhos como não vindo dele. Depois, porque ele não entende o que diz. Espantado, tenta dar um sentido a seu dito inesperado, tomado como uma mensagem destinada a ele. É esta a segunda fuga, a do sentido que lhe escapa. O sujeito diz mais do que quer e não sabe o que diz. O dito vem sem que ele se dê conta e desaparece sem ser compreendido. Como se o ser falante fosse, no momento do acontecimento, apenas um lugar de passagem, atravessado por um dito do qual não é nem o autor nem o destinatário. Mas então, de onde vem esse dito e para onde ele vai? Deixemos por um instante essa pergunta em suspenso e vejamos por que o inconsciente é um saber.

Se o sujeito ignora o alcance do ato de dizer, o dizer, por sua vez, parece saber. Saber o quê? Saber em que momento e em relação a que outras palavras se situar, saber aparecer oportunamente como uma ruptura do enunciado e provocar um efeito de surpresa, de riso ou de perplexidade. O exemplo consagrado é o do chiste, em que se diz sem pensar a palavra certa, e na hora certa, para que todos riam e fiquem espantados, a começar por aquele que a diz. Surge imediatamente uma pergunta: quem sabia que era preciso dizer aquela palavra naquele momento preciso? Ou então sua variante: quem fala? São perguntas muito mal formuladas porque contêm uma armadilha, a do pronome "quem" colocado no começo de sua formulação: "Quem fala?" ou: "Quem sabe?" Se respondêssemos a esse "quem", afirmaríamos a existência do inconsciente como um ser invisível agindo em nós. Assim pensa a intuição comum, mas não há nada mais afastado da concepção psicanalítica. Explico: o inconsciente *existe*, sim, mas a palavra existência não tem aqui o sentido corrente de realidade material. O inconsciente é uma realidade virtual cuja faculdade é produzir efeitos reais em nossa vida. A existência dele é isto: o inconsciente só existe pelos efeitos concretos que produz.

Ora, se nos colocarmos na cena da sessão de análise, são exatamente interrogações e suposições – em geral não conscientes – desse tipo que surgem quando o paciente comete um equívoco, que, no entanto, se revela uma verdade, isto é, a manifestação de um desejo que até então ele desconhecia. Primeiro ele é afetado por esse equívoco, ou melhor, o corpo é afetado por ele na forma da vergonha, às vezes do riso, mas sempre na forma de um sofrimento que a psicanálise chama de gozo. É certo que só se trata de uma verdade parcial e dita pela metade ("semidita"), apesar de causar o impacto de uma verdade que comove e pede uma resposta. O analisando tentará então explicar, inclusive a si mesmo, um equívoco cujo sentido não cessa, no entanto, de escapar. Pois esse dito, tão discordante e tão pertinente ao mesmo tempo, não tem um sentido unívoco. Todo sentido é possível e nenhum é certo. Por isso é que, na busca infinita de uma resposta, o analisando acaba acreditando que o inconsciente é esse desconhecido que está na origem de seu dito intempestivo.

A partir dessa suposição de que o inconsciente *é* uma coisa ou alguém, o analisando desemboca naturalmente na ideia de que ele tem o inconsciente *dele*, individual e exclusivo. E, no mesmo movimento de suposições fictícias, atribui também a seu psicanalista o mesmo poder que imputa ao inconsciente: "ele" age e cura ou, inversamente, "ele" age e causa minha dor, "ele" é único, "ele" me pertence etc. Nenhum afeto estabelece tão vigorosamente o vínculo entre analista e analisando quanto essa suposição que identifica o analista com o inconsciente. O amor-ódio sentido pela pessoa do psicanalista (amor de transferência) nasce e se consolida nesse movimento de suposições inerente ao fato de sofrer e de querer entender. Gosta-se do terapeuta e supõe-se que ele seja o Outro supremo, o *Outro do saber* ou, numa palavra, o próprio inconsciente. Ora, o encadeamento das suposições transferenciais não para aí, o sofrimento é inseparável de uma estranha ficção. Quando se sofre demais, aparece a ideia de um outro que seria a causa de nosso sofrimento, de um outro a que chamamos o *Outro do gozo*. Sofremos para saldar uma dívida sem fim e sofremos para, contra ou por causa de alguém. Ora, pelo simples fato de o psicanalista estar em posição de escuta – seja no lugar do Outro do saber, seja no do Outro do gozo –, ele sempre intervém na dimensão do Um unificador do campo, do *Outro Um*, que reúne com um traço distintivo as demandas do analisando. Assim que o paciente entra em análise, sua fala e suas queixas trazem a marca da relação com seu analista.

Todas essas suposições que o analisando faz em relação a seu psicanalista nada mais são, na verdade, que efeitos de uma fala que, buscando respostas, cria as respostas possíveis. Ao ser enunciada, a fala cria o Deus que a escuta. A fórmula lacaniana do *sujeito-suposto-saber* designa esse fundo de falsas atribuições imputadas ao psicanalista. Atribuições que dividimos nas três instâncias que são o Outro do saber, o Outro do gozo e o Outro Um. O sujeito-suposto-saber também pode ser traduzido como *analista-suposto-inconsciente* ou, mais globalmente, *inconsciente-suposto-sujeito*.

Ainda assim, o sujeito-suposto-saber não deve ser rejeitado pelo analista sob o pretexto de ser uma falsa atribuição. Embora seja certo que o inconsciente não é um ser animado ou uma substância material, nem mesmo uma encarnação do psicanalista, todas essas ficções e o amor-ódio que nelas se tece são necessários para que a fala do analisando se sustente e para que o acontecimento do dito se repita. Para que um acontecimento advenha, é preciso falar, supor e amar-odiar aquele que nos escuta.

Posto isto, ainda não sabemos em que consiste o inconsciente e ainda não respondemos à nossa indagação sobre a origem e o destino desse dito inesperado e pertinente.

O dito do paciente é não só um signo, mas também um significante

Tratemos agora o dito de outra forma que não seja como signo que chama um sentido e deixemos de acompanhar o paciente em suas suposições fictícias. Em vez de perguntar: "Quem fala?", melhor seria indagar: "Como pode um dito inesperado ser tão oportuno, isto é, que ele saiba aparecer onde e quando tem de aparecer para que analista e analisando reconheçam nesse dito a expressão de um desejo até então ignorado?"

Está claro que esse dito, tão singular, não conta por sua realidade sonora de palavra, nem pelas imagens ou pelo sentido a ele associados. Não, esse dito tem outro valor além de seu valor semântico: seu valor significante. Para nós, psicanalistas, o dito é mais que um signo ou uma parte do signo, ele não vale nem pelo sentido que exprime nem pelo som que o carrega. O dito é antes de mais nada um significante, e isso pelas duas razões que definem o significante na teoria lacaniana. Em primeiro lugar, diferentemente do signo que representa alguma coisa para alguém (Peirce), o significante não significa nada para ninguém. Assim, o dito teria duas faces, como signo e como significante. Como signo, ele pede para ser decifrado. É aí – como vimos – que se forjam as suposições e que o sujeito-suposto-saber se institui. Como significante, ao contrário, não só ele não diz nada, mas sobretudo ele não quer dizer nada, ele não se endereça a ninguém (nem analisando, nem analista) e, portanto, não entra na alternativa de ser interpretado ou não. O dito como significante *é*, sem mais. Eis a primeira razão que faz do dito um significante.

A segunda razão justifica e corrige a primeira, pois o significante *é*, sim, com a condição de permanecer ligado a um conjunto de outros significantes; ele é um entre outros com os quais se articula. A articulação dos significantes entre si garante, pois, uma ordem estritamente autônoma, independente de qualquer intenção, conhecimento ou percepção consciente. Portanto, um significante não é coisa a ser interpretada ou traduzida, não se endereça ao sujeito nem espera deciframento, fica como que entregue a si mesmo no seu encadeamento aos outros. O aforismo lacaniano vocês conhecem: um significante só é significante para outros significantes.

Assim, o dito como significante conta como Um, um entre outros ditos. Que outros ditos? Ditos que ainda não foram pronunciados ou que já foram pronunciados. São, antes, ditos virtuais, ditos em potência, *dizeres*. Dizeres ainda não atualizados ou já passados. Mas, observação importante, não é necessário que eles se atualizem sempre no mesmo sujeito; eles podem surgir na forma de um dito pronunciado por um ou outro dos dois parceiros da análise. Uma vez emitido esse dito pelo analisando, outro dito virá em seguida, mais tarde, talvez em outro lugar, com uma pessoa afetivamente próxima. Um lapso cometido pelo analisando, por exemplo, reaparece mais tarde no analista na forma de um esquecimento ou de uma interpretação. A cada vez o sujeito atravessado pelo dito pode ser diferente: certo sonho produzido pelo analisando retornará mais tarde na forma de uma palavra inventada pelo analista. Mas, a cada vez, independentemente dos atores em presença e de quem fala no encontro analítico, teremos infalivelmente a mesma díade constitutiva do inconsciente – um significante e todos os outros, ou então, em nosso vocabulário: um dito que se manifesta e todos os outros dizeres que aguardam em silêncio.

Avancemos devagar. O dito está aí, na nossa frente, no instante em que nosso analisando fala e se engana. Como signo, ele engendra "Deus" e todas as suposições possíveis (transferência imaginária). Como significante, ele é pronunciado por um ou por outro dos parceiros analíticos e se articula com a rede dos dizeres virtuais, já realizados ou por realizar (transferência simbólica). Mas o inconsciente, onde localizá-lo?

Sejamos claros. A rede significante não é observável. Os elementos que a compõem não possuem nenhuma qualidade sensível. Logo, o psicanalista não capta nada; nada, exceto o dito que ouve e a partir do qual infere outros dizeres. Tomemos o caso de um sintoma, o do ataque histérico. Numa das mais belas páginas dos *Estudos sobre a histeria*,[1] Freud empenha-se em acompanhar passo a passo as múltiplas combinações de elementos recalcados que sobredeterminam a formação patogênica de um ataque histérico, que reúne todas as características de nosso dito significante: singular, de aparecimento súbito, bem como involuntário. Ora, cada ataque histérico só adquire seu valor em relação aos elementos recalcados que o determinam (por exemplo, as sensações de prazer ou de dor vivenciadas por ocasião da cena de sedução que deu origem à histeria). E, inversamente, os elementos recalcados só existem porque o ataque histérico nos permite pressupô-los.

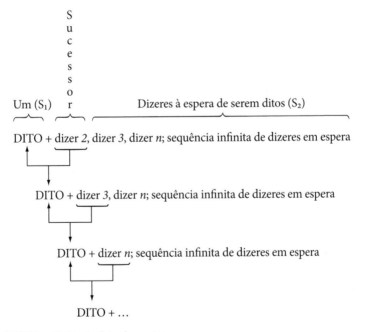

FIGURA 1. Matriz de dois elementos:
um DITO (S_1) e uma sequência de dizeres (S_2). Quando o primeiro dos dizeres em espera, o mais imediato sucessor do DITO, avança uma posição e ocupa o lugar do Um, ele se adiciona e se condensa com esse DITO que já estava lá. Emerge, então, um novo DITO (S_1).

Logo, a psicanálise estabelece a tese de que a rede de *dizeres outros*, dos dizeres virtuais, está organizada conforme certas leis que explicam o aparecimento intempestivo de *um único dito* novo, pertinente e efetivo: sonho, lapso, sintoma ou ato falho. Como se os dizeres outros soubessem que orientação devem conservar para que um deles, chegado o momento, atravesse o sujeito e produza acontecimento. Foi esta, precisamente, a ideia mestra que levou Lacan a qualificar o inconsciente de saber. O inconsciente é um saber no sentido de que os dizeres em rede sabem fazer aparecer a claudicação precisa no momento preciso. Eles sabem ter tanto êxito na claudicação que, por exemplo, o ato falho em um sujeito é um ato bem-sucedido do inconsciente.

Devemos, então, concluir que a palavra inconsciente designa a rede ordenada dos dizeres virtuais? Não, o inconsciente não é nem o dito em si, nem a rede ordenada de outros dizeres, e sim sua relação mútua e solidária.

O par significante:
o significante Um e os significantes outros

Agora já começamos a entrever melhor o fundamento do princípio segundo o qual o *inconsciente é estruturado como uma linguagem*. Quando comentava sua própria fórmula, Lacan não hesitava em considerá-la redundante, uma vez que os termos "estrutura" e "linguagem" significam a mesma coisa: conjunto de elementos discretos organizados segundo certa lógica. Teria bastado propor "O inconsciente é estruturado", para que já se entendesse que o inconsciente é uma linguagem e que sua estrutura se decide na relação viva entre um dito que se manifesta e um conjunto de dizeres que não se manifesta, entre um significante e todos os outros significantes.

Que relação é essa? Como os significantes se encadeiam e a que leis precisas obedecem? Isso será objeto de diferentes abordagens desenvolvidas por Lacan ao longo de sua obra. Conforme os períodos e conjunturas de seu ensino, conforme também a influência de outras disciplinas, a resposta a essas perguntas foi sucessivamente buscada nos domínios da linguística (leis da metáfora e da metonímia), da lógica proposicional (o quadrado de Apuleio retomado por Peirce),[2] a logística de Frege, a axiomática de Peano, depois, no domínio da topologia (topologia combinatória, em particular o toro e a garrafa de Klein) e, por fim, teve por referência a teoria dos nós (nó borromeano). A despeito de sua diversidade, há nessas abordagens uma constante única: as formações do inconsciente (sonhos, sintomas, lapsos etc.), tão distintas umas das outras, reduzem-se em última instância à relação matricial composta de dois termos, S_1 (o Um) e S_2 (os outros), que chamaremos de *o par significante*. Com a teoria do par significante, teoria difícil que suscita em psicanálise inúmeros problemas não resolvidos, ganha precisão o princípio muito geral do inconsciente estruturado como uma linguagem. Com efeito, o inconsciente consiste na relação de um significante, S_1 (aquele que aparece isolado no texto do relato do analisando, no nosso caso, o dito, e contável como *Um*), com outros, S_2 (não identificáveis, ordenados e em número infinito).

Essa relação não é tão estática assim, pois os significantes outros se deslocam encadeados (deslocamento horizontal, que assimilamos à figura da retórica chamada metonímia) e, substituindo-se uns aos outros (substituição vertical, que assimilamos à outra figura da retórica, a metáfora), ocupam alternadamente a posição do Um. Substituição muito particular, pois o último elemento que ocupa o lugar de S_1 não abandona sua posição para deixá-la para o seguinte, fica e deixa o seguinte vir se sobrepor a ele (condensação). O significante que vem ocupar o lugar de S_1 não desaloja o anterior, condensa-se com ele e constitui um novo significante que emerge no relato do analisando e produz acontecimento. Esse elemento recentemente engendrado pode ser considerado, numa perspectiva espacial, a borda que limita o conjunto infinito dos significantes virtuais; ele é contado a mais, *Um a mais*, e, por conseguinte, o conjunto é contado como tendo um a menos. É essa dinâmica entre o *Um a mais* que se torna borda do conjunto e o lugar vacante que ele deixou no conjunto (*um a menos*), é essa dinâmica que possibilita a mobilidade da estrutura. Justamente, a foraclusão – veremos em seguida – designa a não efetuação dessa saída de um significante para ocupar o lugar de S_1. Nesse caso, a estrutura fica paralisada; sejamos claros, a estrutura de uma das múltiplas folhas do eu.

A interdependência de ambos os termos do par significante – o Um a mais, S_1 (único e atual), e os outros, S_2 (infinitos e virtuais) – é essencial. O *conjunto* só conserva sua consistência como conjunto se, e somente se, existe *um* significante que lhe falta e lhe é exterior: *o conjunto dos S_2 só consiste se S_1 existe*.

Duas proposições sobre a transferência simbólica: *o inconsciente só existe quando se exterioriza*; e *só existe inconsciente compartilhado*

Tiremos, neste momento, todas as consequências práticas da ideia de que o inconsciente é a articulação entre um dito, pronunciado por um ou outro dos parceiros analíticos, e a rede dos dizeres recalcados. Chegaremos, então, a duas proposições e uma tese final sobre a transferência. Como o conjunto dessas proposições não foi formulado explicitamente por Lacan, assumo sozinho a responsabilidade de enunciá-las e justificá-las.

Agora que estabelecemos claramente que os significantes circulam entre os sujeitos, fora do tempo e do espaço, indaguemo-nos que corolários práticos podemos tirar disso. Se o analista tiver efetivamente tornado suas essas elaborações, ele chegará a duas proposições decisivas sobre o inconsciente.

1. ▢ *O inconsciente só existe quando se exterioriza.* Se o inconsciente é estruturado como uma linguagem, ou seja, se ele existe na atualização do conjunto virtual de significantes (S_2), por intermédio de um acontecimento (S_1), então não é nem antes nem depois do acontecimento que devemos ir buscá-lo: *só há inconsciente no próprio acontecimento*. Portanto, seria errôneo crer que antes do lapso, por exemplo, o inconsciente estava esperando para se manifestar ou que, ao contrário, depois do lapso resta um traço que se tornou inconsciente. Repito. O inconsciente só existe quando se exterioriza; nem antes, nem depois. Por isso, o inconsciente é sempre um inconsciente *produzido* na relação transferencial.

2. ▢ *Não há um inconsciente próprio do analista e outro próprio do analisando, só existe inconsciente compartilhado.* Até aqui, tivemos de nos explicar a partir dos acontecimentos reconhecidos no relato do paciente, mas nem o acontecimento, S_1, nem a rede significante, S_2, a ele vinculada pertencem ao paciente. Por um lado, o lapso que o psicanalista escuta não é obra de ninguém, já que nesse momento o analisando é apenas o veículo, o porta-voz de um dito do qual não é o autor. E, por outro, a rede infinita dos significantes recalcados que desemboca pontualmente nesse lapso não se confunde com a dimensão finita e imaginária do eu do paciente. Portanto, nenhum dos termos do par fundador do inconsciente, S_1 e S_2, está encerrado nessa entidade chamada indivíduo. Por isso é que o inconsciente não pode ser nem individual nem subjetivo, ele é compartilhado. Donde a segunda proposição: não há um inconsciente do analisando e depois outro próprio do analista, *há um só inconsciente na relação analítica*, aquele que se abre por ocasião do acontecimento. Nesse instante, desaparecem as diferenças entre terapeuta e paciente em prol de um dito que vem ao mesmo tempo consolidar o vínculo entre eles.

A interpretação é o retorno ao analista do recalcado do paciente

Se permanecermos nessa perspectiva de um inconsciente estruturado, de acontecimento e compartilhado, produzido na relação analítica, as consequências nos planos ético e prático serão decisivas. Por quê? Porque o analista, situado no cerne dessas proposições e vivendo-as como suas, terá de reconhecer que pouco importa quem profere o dito, balbucia ou se engana ao falar, que também ele pode ser o porta-voz cego de uma palavra singular que torna consistente esse inconsciente comum, surgido entre poltrona e divã. Enfim, é quando o analista diz sem saber o que diz que ele interpreta e que, interpretando, põe o inconsciente compartilhado da relação transferencial em ato.

Antes de irmos diretamente para a tese final sobre a transferência simbólica, consideremos por um instante o problema da interpretação. Dizer que a interpretação é uma palavra que o analista pronuncia sem saber o que diz é uma fórmula que temos de ajustar. O analista pode não saber o que diz, pode ignorar a origem e o alcance de determinada palavra interpretativa, mas com a condição de saber o que está fazendo. *Se o analista souber o que está fazendo, ele pode se permitir dizer sem saber, o que é completamente diferente de dizer qualquer coisa*. Saber o que está fazendo é saber o que predomina em determinado momento do tratamento. Predomina no sentido do que causa, do que torna possível a manutenção do vínculo com seu paciente. Assim, certas intervenções que têm por finalidade reforçar o laço transferencial (por exemplo, propor ao analisando passar para três sessões por semana) adotam a figura predominante de uma recomendação que coloca o analista em posição de mestre; mestre no sentido daquele que dirige o tratamento. O elemento predominante nesse caso é a autoridade. Outras intervenções do terapeuta estabelecem com o analisando um vínculo de tipo universitário em que o saber é o elemento predominante: o psicanalista transmite um saber. Outras intervenções histericizam a relação: dessa vez, o analista opera uma sugestão e, para além disso, uma sedução. Sedutor ou seduzido, ele erotiza a relação com seu analisando. O elemento predominante nesse caso é o amor de transferência. Contudo, seria um erro rejeitar uma ou outra dessas três posições do analista (mestre, educador ou histérico), sob pretexto de ater-se à única posição válida, a posição analítica. Nada justifica crer que o psicanalista deva ocupar exclusivamente o lugar do analista. Cada um desses tipos de vínculo entre analista e analisando (vínculos que Lacan denomina discursos) estabelece-se segundo o elemento prevalente: a autoridade, o saber ou a histericização.

Qual é, então, o elemento predominante quando o psicanalista interpreta? Não se trata nem de uma recomendação (prevalência do significante mestre, S_1), nem de uma intervenção explicativa (prevalência do saber, S_2), nem mesmo de uma fala sugestiva proferida pelo analista (prevalência da histericização). O que predomina no momento em que o dito interpretativo está a ponto de brotar é o gozo, um excessivo gozo. Freud o denomina pulsão e sua evocação mais depurada é o silêncio das pulsões. *Toda interpretação é, no fundo, a expressão sublimada de uma pulsão.* Quando o gozo predomina, o analista se cala e, ao se calar, pode estar certo de que a palavra que nascerá desse silêncio será uma palavra interpretativa. A interpretação só emerge contra o fundo de um silêncio que a prepara. É assim que traduzimos a seguinte fórmula, tão sucinta, de Lacan: "O analista ... é aquele que, ao pôr o objeto *a* no lugar do semblante, está na posição mais conveniente para fazer o que é justo fazer, a saber: interrogar como saber o que é da verdade."[3] Frase que traduziremos assim: o analista é aquele que, em se calando, está na posição mais conveniente para enunciar uma interpretação, ou seja, para considerar o dito do analisando uma *verdade* que atualiza o *saber* inconsciente.

Mas qual é esse silêncio que precede e prepara a interpretação? Em vez de se calar porque não sabe o que dizer, o analista faz *silêncio em si*, esquecendo tudo o que sabe e expulsando da cabeça toda preocupação pessoal. É então que uma interpretação pode vir. Essa disposição mental de um analista liberado dos ruídos de seu eu não deixa de evocar a atitude que Cézanne recomenda ao pintor:* "O pintor deve fazer calar em si todas as vozes dos preconceitos, esquecer, fazer silêncio, ser um eco perfeito. Então, sobre sua chapa sensível, toda a paisagem se inscreverá."[4]

Nossa afirmação de que a interpretação é uma palavra que o analista diz sem saber o que diz deve, portanto, ser ajustada mediante duas condições: que o analista saiba o que está fazendo e que a palavra interpretativa brote de seu silêncio interior.

Como se vê, estamos longe da teoria que faz da interpretação o resultado de uma reflexão elaborada pelo analista visando tornar consciente o inconsciente. A interpretação de que estamos falando nada tem de uma tradução ou de um desvendamento do sentido oculto nas palavras ou nos sonhos do analisando. Com efeito, o psicanalista pode praticar esse tipo de intervenção racional, explicativo, mas não será uma interpretação. A melhor interpretação sempre é dita em duas ou três palavras, à maneira de uma réplica que toca, corta e pontua o enunciado do analisando. O exemplo mais impressionante de uma interpretação é a frase hiper-reduzida chamada interjeição que às vezes adota a forma elementar e simples de uma exclamação. Incisiva e concisa, a in-

---

* Esse é um excelente resumo do que chamo de **foraclusão voluntária do psicanalista**, necessária para escutar de modo eficaz seu paciente. Ver também p.25-6, 48n e 86.

terjeição surpreende o analisando e o instala numa outra relação consigo mesmo.*

Resumindo, se quiséssemos condensar em uma única frase as diferentes atitudes possíveis do analista durante um tratamento, diríamos: *o silêncio é a norma, as intervenções explicativas são frequentes e a interpretação, rara*. Devo precisar que nesse aforismo a palavra silêncio designa não o fértil *silêncio em si* que acabamos de mencionar, mas o silêncio habitual do analista quando ele se cala para dar livre curso à fala do analisando. Em suma, a interpretação designa um dito conciso, que surpreende o analista que o enuncia, tão rara, pontual e intempestivamente quanto um lapso do analisando. Dito cujo efeito não é o de tornar consciente o inconsciente, mas o de *produzir inconsciente*, relançar a cadeia dos significantes outros (S_2) e fomentar o advento de futuras manifestações do inconsciente no tratamento.

O que queremos dizer com isso? Que a interpretação é uma formação do inconsciente tal como o lapso ou o sintoma no paciente, e que, vindo à luz na boca do psicanalista, segue exatamente as mesmas leis que regem as produções do inconsciente. O dito interpretativo se destaca da cadeia de significantes virtuais, recalcados e comuns aos parceiros analíticos (S_2), aparece enunciado pelo analista e desaparece logo em seguida, substituído por outro dito que toma o seu lugar.[5] Assim, uma interpretação logo é suplantada por outra formação equivalente – lapso, sonho ou sintoma – surgida dessa vez no paciente. Em termos práticos: uma vez lançada a interpretação, ela não vai para o ouvido, ela vai

---

* Hoje (final de 2009), completo acrescentando que o analista também pode fazer uma excelente interpretação, ou seja, uma interpretação que tem efeitos positivos na vida do analisando, falando longamente. Por exemplo quando descreve para seu analisando a fantasia que percebe em si mesmo. Foi o caso da longa interpretação que destinei ao meu paciente O Homem de Preto. Cf. "Como trabalha um psicanalista?", conferência inédita, 2 out 2007.

direto para o esquecimento. Que esquecimento? O do recalcamento, um esquecimento nada morto ou passivo, mas, ao contrário, ativo e que não cessa de reaparecer em sucessivos retornos. A interpretação recalcada retorna em sonho e é sonhando que o analisando responde ao dito de seu analista; nós não explicamos o sonho, nós o provocamos. Ora, se falamos de retorno ao analisando da interpretação recalcada, o inverso também é verdadeiro: a interpretação é o retorno ao analista de um sonho dito por seu analisando e imediatamente recalcado. Repitamos a fórmula: ***A interpretação é o retorno ao analista do recalcado do paciente***. Ou então, enunciando de forma mais geral: o inconsciente do analisando surge em uma interpretação do analista.

Com uma frase escrita em 1913, Freud abre uma perspectiva bastante próxima de nossa ideia de que a interpretação é obra do inconsciente. Com a diferença de que, para Freud, haveria dois inconscientes, o do analisando e o do analista, ao passo que, para nós, haveria – no momento do acontecimento de um dito – apenas um *único* inconsciente que se manifesta indistintamente em ambos os parceiros analíticos. Eis a citação: "Mas não foi sem boas razões que afirmei que cada um de nós possui, no próprio inconsciente, o instrumento com o qual é capaz de *interpretar* as manifestações do inconsciente no outro."[6]

E também em um outro texto da mesma época: "O inconsciente do médico consegue, com a ajuda dos derivados do inconsciente do doente que chegam até ele, *reconstituir* esse inconsciente [o do doente] do qual emanam as associações."[7]

Evitemos o erro a que essas frases podem induzir: acreditar que cada um possuiria um inconsciente próprio. É certo que Freud conserva nessa frase a distinção de dois inconscientes, mas retenhamos a ideia de alternância: um põe em ato o inconsciente do outro ou, melhor dizendo, um põe em ato o inconsciente da relação analítica, como se o par significante S_1-S_2 circulasse, se deslocasse entre analista e analisando, cada um ocupando alternadamente o lugar de S_1 quando diz, e de S_2 quando se apaga. Mas S_1 e S_2 fazem mais do que se deslocar, eles enodam e ligam um ao outro os parceiros da análise, e isso sem o conhecimento deles. Essas citações de Freud enfatizam a origem inconsciente da interpretação. A interpretação nos parece ser a própria prova de existência da transferência e constitui mais um efeito produzido pela transferência do que um elemento que age sobre a transferência. A fórmula que propomos seria: *a interpretação é a colocação em ato da transferência*.*

Tese final sobre a transferência simbólica:
*o inconsciente e a transferência são uma
única e mesma coisa*

Chegou a hora de expor nossa tese final sobre a transferência simbólica. Pois o que é essa alternância e circulação significante senão a própria transferência? Uma transferência mais ligante que o amor-ódio transferencial e infinitamente mais sólida que todas as implicações do sujeito-suposto-saber. Nada nos liga tanto ao

---

* Atualmente (final de 2009) proponho o conceito de **inconsciente instrumental do psicanalista** para designar a principal ferramenta da qual o clínico se serve para captar o inconsciente (a fantasia) de seu paciente. Reconhecemos, pois, dois tempos. No primeiro, o analista age com seu inconsciente captador que se oferece como tela sobre a qual se projeta o inconsciente do analisando na forma de uma fantasia. Estamos aí em presença de *dois inconscientes* que se preparam para o encontro: o do analista e o do analisando, cada um com um papel bem definido, um que capta, o outro que se entrega. O segundo tempo é, ao contrário, aquele em que os dois inconscientes se fundem em *um inconsciente único*. No exemplo dos "Olhos de Laura", esse segundo tempo corresponde precisamente àquele em que o analista tem a visão dos olhos que choram, destacados do rosto. Ver também o conceito de ***foraclusão voluntária do psicanalista***, p.25-6, 45 e 86.

outro quanto uma resposta dada sem o nosso conhecimento: o psicanalista escuta as palavras de seu paciente, sabe esquecê-las e sabe esperar que elas retornem. Contudo, é somente quando elas se tornam nele sonho, ato falho ou gesto imprevisto, quando elas já não se distinguem dele que há verdadeiramente transferência, ou, o que é equivalente, que o inconsciente surge. A transferência está mais presente num lapso cometido pelo psicanalista falando de seu paciente durante uma supervisão do que em uma manifestação de amor transferencial vinda do analisando. No plano desse registro simbólico e significante da transferência – e somente nele – o psicanalista é um igual em relação a seu paciente.

Portanto, a ideia que proponho é esta: *a transferência analítica é equivalente ao inconsciente*, eles são homeomorfos, tal como dois conjuntos que se correspondem reciprocamente ponto por ponto. O que é um modo de dizer que *o inconsciente e a relação transferencial são, por ocasião do acontecimento, uma única e mesma coisa*.*

Só há transferência entre analista e analisando quando o inconsciente surge no meio dos parceiros, tanto no espaço e no tempo das sessões quanto fora. O inconsciente e a transferência só existem quando um dos protagonistas do tratamento diz sem saber o que diz.

---

* Procurando distinguir sexualidade e amor na experiência da análise, Lacan foi levado a pôr em relação os termos "transferência" e "inconsciente": "A transferência é aquilo que manifesta na experiência a colocação em ato da realidade do inconsciente, no que ela é sexualidade" (*O Seminário*, livro 11, *Os quatro conceitos fundamentais da psicanálise*, Rio de Janeiro, Jorge Zahar, 1979, p.165). Ao interrogar essa fórmula, engajei-me numa via um tanto diferente. A expressão "pôr em ato" decerto evoca nossas asserções, mas nós a empregamos de forma diferente. A colocação em ato de que falamos não é a da sexualidade atualizada na transferência. Consideramos que a transferência e o inconsciente são postos em atos simultaneamente num dito. A transferência e o inconsciente não existem a não ser no ato de um dito.

Dessa tese final decorrem dois corolários. Em primeiro lugar, é claro que o psicanalista em posição de escuta poderia ocupar, deslocando-se, cada um dos lugares constitutivos do inconsciente. Conforme esteja em silêncio ou interprete, ele se torna o recalcado (S_2) ou, ao falar, se identifica com o dito (S_1). No entanto, gostaríamos de sublinhar que – e este será nosso primeiro corolário – essas instâncias não pertencem a nenhum dos parceiros analíticos, elas estão fora deles. Como se no momento do advento de um dito se instalasse entre o paciente e o analista, sem que eles saibam, um enorme aparelho psíquico, uma cabeça monstruosa que os engloba. A psique se manifesta no espaço e envolve os parceiros analíticos no tempo de um clarão. Ter a experiência de um dito significa engendrar um espaço mental que dura somente um instante. É assim que reinterpretamos a audaciosa proposição de Freud de considerar que o aparelho psíquico se estende no espaço e com ele se confunde: "A espacialidade pode ser a projeção da extensão do aparelho psíquico. Psique é extensão, nada sabe a respeito."[8]

O outro corolário, por fim, se reduz a uma derradeira questão. Se admitirmos que o inconsciente só nasce do encontro de um dito com uma escuta, deveremos concluir, portanto, que não há inconsciente sem escuta? Que a escuta é a condição *sine qua non* do inconsciente? Concretamente falando, pode haver inconsciente sem um psicanalista que o escute e o reconheça?[9] Acho que não. Para que haja inconsciente, é preciso não só haver um psicanalista que o escute e o interprete, como também uma teoria que o nomeie e o faça existir. Nesse sentido, coloca-se uma questão mais geral: "Há inconsciente fora do tratamento e da transferência analítica?" Todas essas são interrogações às quais não conseguiremos responder de maneira peremptória; o fato de formulá-las já é um meio de fazer sentir até que ponto o analista está implicado no inconsciente e quanto "a presença do analista é ela mesma uma manifestação do inconsciente".[10] O inconsciente depende em tal medida da escuta psicanalítica que é legítimo duvidar de sua existência fora da análise. Quando, em sua última viagem aos Estados Unidos, um interlocutor pediu que Lacan confirmasse se tudo o que concerne à psicanálise é válido tão somente no interior da situação analítica, ele não hesitou em responder: "É exatamente isso que digo. Não temos como saber se o inconsciente existe fora da psicanálise."[11]

2. As formações do objeto *a*

Qual a diferença entre as formações do
inconsciente e as formações do objeto *a*?

Definição do objeto *a*

As formações do objeto *a*:
observação preliminar

Espacialização do objeto *a*

As três formações do objeto *a*

Um exemplo em Freud

Qual a diferença entre as formações do
inconsciente e as formações do objeto *a*?

Concluímos o primeiro capítulo propondo a tese da equivalência entre transferência e inconsciente. Poderíamos igualmente ter concluído dizendo que a transferência é estruturada como uma linguagem. Nada mais legítimo. Contudo, apesar de ser correta, a tese da homologia transferência-inconsciente não está talhada exatamente nos moldes da nossa experiência. Existem outros acontecimentos transferenciais, além dos acontecimentos significantes, e outra matriz da transferência, além da matriz linguageira. Enquanto permanecemos no nível do dizer e consideramos um lapso, um sintoma ou uma interpretação do psicanalista – todos exemplos de formações do inconsciente –, é certo que a transferência se atualiza como uma linguagem. Mas como ela se atualiza quando estamos diante das formações psíquicas mais próximas do fazer que do dizer, da paixão que do amor? O que é a transferência quando temos a impressão de uma brusca mudança no seio da relação analítica que nos instala, de saída, no terreno do que se convencionou chamar de "o objeto"?

Uma fantasia atuada, a emergência súbita de uma alucinação que nada permitia prever em um analisando, a eclosão de uma lesão dita psicossomática, uma passagem ao ato fulgurante etc. não são fatos que se agregam à transferência, mas formações psíquicas engendradas nela que, ao se engendrarem, atualizam a transferência. Essas formações atualizam a transferência, mas de maneira muito diferente da atuação significante. Os significantes se deslocam ordenados através dos parceiros analíticos e sem o conhecimento deles, e, ao se reunirem pontualmente no ato de um dito ou de um esquecimento, tecem o laço transferencial. Um dos parceiros diz e, sem saber o que diz, faz existir a transferência porque, ao dizer, prova em ato que os significantes circulam e continuarão a circular entre analista e paciente.

Ora, as formações psíquicas de que estamos falando também fazem laço, mas de uma maneira estranha e mais difícil de aceitar. Fazem laço por fusão e não por vínculo. Soldam analista e analisando num lugar bem determinado, compacto e fora de padrão, que identificamos como o lugar do objeto chamado *a*. Esse lugar não se apresenta como o significante à maneira de um *dito* inserido numa sequência linguageira, ele se manifesta como um *fazer*. O fazer é a expressão clínica das formações do objeto *a* e é a um fazer que a transferência se resume. Quer se trate de fantasias inconscientes, de alucinações episódicas, de lesões psicossomáticas ou de outras configurações clínicas, todas elas trazem a marca de uma ação (corpo) bem definida e heterogênea ao relato do analisando (fala). Seja no interior do relato, no caso da fantasia, seja fora dele, no caso da passagem ao ato, da alucinação ou da lesão psicossomática, todas essas formações apresentam-se aos olhos do psicanalista – e vez por outra também do paciente – como comportamentos em que predomina uma parte do corpo, que age ou padece. Fantasiar, alucinar etc. são "fazeres" cujo elemento ativo é sempre o corpo.

Quando uma dessas formações relativas ao objeto *a* aparece, os componentes comuns da realidade do tratamento (significantes, sentido, imagens, ficções etc.) parecem atraídos por um vazio aspirante para o qual tudo converge. Nesse momento, a transferência já não se mostra estruturada como uma linguagem, mas se contrai numa ação, numa atuação isolada. Lá, o dito é novo impulso e os significantes fazem laço por seu entrelaçamento em rede; aqui, o fazer é detenção e o objeto *a* cristaliza a relação analista-analisando num fato compacto e terminal.

Enunciemos desde já o que propomos: agrupamos essas diversas formações psíquicas, mais frequentes no tratamento do que se imagina, e que atualizam a transferência num fato compacto, heterogêneo aos significantes – ou na dependência deles no caso particular da fantasia –, sob a denominação de **formações do objeto *a***.

A expressão "formações do objeto *a*", forjada e amadurecida a partir de 1978 no correr de meus vários seminários, responde a três tipos de necessidades:

– à necessidade em *clínica* de fazer existir, graças a um nome, diversas formações psíquicas reunidas pelo traço comum da preeminência de *a* sob a sua figura clínica de um fato compacto. Sem esse nome que as agrupa e lhes dá consistência, essas formações permaneceriam dispersas e excluídas do domínio psicanalítico;

– à necessidade na *prática* de identificar essas formações segundo o modo de escuta que elas determinam no psicanalista. A posição do analista não é a mesma diante de um lapso ou diante do surgimento súbito de uma afecção psicossomática;

– à necessidade em *teoria*, muito particularmente no nível dos matemas lacanianos, de desenvolver a fecundidade e a potência do algoritmo "objeto *a*". O melhor destino de um matema, cujo paradigma é o objeto *a*, é convocar outras letras para que venham a ele se articular e assim constituir um novo matema. Só assim o matema verá seu campo de abrangência se ampliar a fim de assegurar ainda melhor a coerência da teoria analítica. Acreditamos que a tese das *formações do objeto a* abre a possibilidade de novas construções relativas ao objeto e fornece – no registro do gozo, isto é, do corpo – um abonador coerente para as *formações do inconsciente*.

Cabem aqui duas observações importantes. Quer a transferência se atualize estruturada como uma linguagem na perspectiva do inconsciente, ou se reduza a um ponto umbilical na perspectiva do objeto *a*, ela continuará sendo, irredutivelmente, um acontecimento transferencial exterior aos sujeitos em presença. Acontecimento, porque só existe no aqui e agora da sessão, e exterior – sobretudo exterior – porque qualquer manifestação, seja do inconsciente ou do gozo, ultrapassa o sujeito, surpreende-o e lhe aparece como se fosse estranha a ele mesmo. Quer esse acontecimento seja o de um *dito* que põe em ato o *inconsciente*, ou o de um *fazer* que põe em ato o *gozo* (objeto *a*), continuará sendo para o psicanalista e para o analisando uma produção exterior que escapa ao controle deles. O dito e o fazer se realizam em seu conhecimento e, de certo modo, fora deles. Caracterizamos, portanto, as formações do inconsciente como inscritas na dimensão do dito, ***dit-mension*** [***diz-mensão***]: o sujeito diz sem saber o que diz; e caracterizamos as formações do objeto *a* como inscritas na dimensão do fazer, ***faire-mension*** [***fazer-mensão***]: o sujeito faz sem saber o que faz. Propomos o neologismo "fazer-mensão" em eco ao neologismo "diz-mensão", inventado por Lacan. Tanto um como o outro pretendem completar o conjunto das dimensões que compõem o espaço da transferência. Às três coordenadas habituais do espaço (altura, comprimento e largura), acrescentamos duas outras igualmente observáveis: o dito e o fazer. Existe uma expressão extraída da topologia dos nós que resume bem essa ideia de dimensão observável: o aplanamento. A *diz-mensão* é o aplanamento do inconsciente e o *fazer-mensão*, o aplanamento do objeto *a*.

Passo agora à minha segunda observação. Estabelecida a distinção entre as formações do inconsciente e as formações do objeto *a*, coloca-se a questão: como o psicanalista escuta umas e outras? Diferentemente das formações do inconsciente, as do objeto – com exceção da fantasia – não resultam nem engendram nenhuma combinatória, são formações terminais. A formação do inconsciente, ao contrário, nasce de uma combinatória e é numa nova formação que expira. É justamente essa estrutura ordenada e aberta que torna as formações do inconsciente articuláveis a novas formações do inconsciente que possam surgir tanto no paciente quanto no psicanalista (por exemplo, um lapso no paciente pode se articular a um sonho no analista). Com efeito, o que especifica essas formações é sua capacidade de assimilar novos significantes, isto é, o fato de serem decifráveis. Entendamos bem, decifráveis não significa que elas contenham um sentido oculto que cumpriria desvendar. Não, decifrar em psicanálise não é sinônimo de descobrir, e sim de participar na constituição de uma nova cifra; o analista decifra quando, interpretando, sua interpretação se insere na combinatória geradora de uma nova manifestação do inconsciente. É aí que se situa a linha divisória entre esses dois tipos de formações psíquicas: umas – as do inconsciente – são decifráveis e o psicanalista participa delas com sua palavra; as outras – as do objeto *a* – são terminais e o psicanalista fica em suspenso diante delas.

Como se vê, a intervenção do clínico, determinante para um sintoma, efetiva para uma fantasia, mostra-se difícil, impossível até para uma passagem ao ato suicida, por exemplo. Nesse caso, ou seja, no caso de certas formações do objeto *a*, já não se trata de decifrar um dito nem de inscrevê-lo numa cadeia de dizeres recalcados, mas de voltar ao ponto de partida, ali onde tudo começa, no espanto de que as coisas sejam como são. Quando o analista, espantado, fica em suspenso, a única saída é recuperar-se e procurar a causa. Ele transforma a inevitável opacidade do objeto em uma pergunta sobre a causa: "Por quê?"

Definição do objeto a

Até agora empregamos a expressão objeto *a* e propusemos a denominação de formações do objeto *a*. Mas o que é precisamente esse objeto e como estabelecer a lógica das formações psíquicas que dele decorrem?

Existem várias maneiras de abordar a definição do objeto *a*, mas todas se referem inevitavelmente a um postulado básico: o objeto *a* – assim como o significante – é uma categoria formal e não descritiva. Não significa nada que possa ser empiricamente identificado e não tem nenhum sentido garantido de modo definitivo. Mais que um conceito, o objeto *a* é um *valor formal* sem outra consistência que não seja uma letra; uma letra articulável a outras letras. Ou ainda, simplesmente, uma palavra que nomeia. Henri Poincaré escreve de forma brilhante: "E então admiramos o poder que uma palavra pode ter. Eis aí um objeto do qual nada se poderia extrair enquanto não fosse batizado; bastou dar-lhe um nome para que ele fizesse maravilhas. Como isso ocorre? É porque ao lhe dar um nome, afirmamos implicitamente que o objeto existia e que estava inteiramente determinado."[1] Portanto, o objeto existe como nome e graças a um nome, mas ele é determinado pelo quê? Ele é inteiramente determinado pelos termos vizinhos com os quais se articula. O seu lugar em determinado contexto teórico particular e a relação com outros nomes é que darão ao objeto *a* uma significação precisa. E, inversamente, é o objeto *a*, como nome, que tornará possível a criação de novas combinações formais que permitirão refinar a compreensão de nossa experiência clínica.*

---

* "O objeto *a* é minha elaboração, minha construção. A indicação do objeto *a* por um signo algébrico visa poder produzir construções e sugerir uma pesquisa" (Jacques Lacan, "Intervenção no Congresso de Aix-en-Provence", *Lettres de l'E.F.P.*, vol.13, 1972). Esse poder que Lacan confere à escrita formal do objeto

Seria, no entanto, errado crer que a invenção lacaniana do objeto *a* nasceu apenas de uma firme vontade de formalizar a psicanálise. Se o objeto *a* nada mais é senão um nome é também por impotência; a impotência da psicanálise de resolver esse enigma central em torno do qual se ordena incontestavelmente o campo de nossa prática, a saber: como vibra, como goza o corpo de um ser animado pelo inconsciente? Ou seja, como goza o corpo do ser que não só fala, mas também é falado? Generalizemos um pouco mais: o que é a vibração corporal quando é concebida pelo prisma do inconsciente? O que é o gozo? É certo que sabemos nos aproximar, contornar e situar o fato de gozar, mas não sabemos definir rigorosamente sua natureza. Chegamos a dizer sem hesitar que o gozo é essa tensão corporal interna que nos dá a impressão de estarmos vivos, mas não conseguimos significá-lo exatamente com um significante que o represente ou o meça. Pois bem, **o objeto a nasce da impossibilidade que a psicanálise tem de definir exatamente o gozo**. Temos um nome na falta de uma resposta, ou melhor, temos o *a* no lugar de um gozo que a psicanálise considera um real desconhecido e incognoscível, impossível de representar. Essencialmente, a gênese lacaniana do objeto *a* é parte de um procedimento frequente na metodologia científica: batizar a dificuldade em vez de resolvê-la, introduzir um nome no lugar de uma solução.

Ora, um nome tem a propriedade de ser mais manipulável que uma questão infinitamente aberta, e o nome "objeto *a*" é certamente mais eficaz que a noção geral de gozo ou de real. A diferença entre eles é uma diferença de grau de determinação: o enigma indeterminado do real (*o desconhecido*, mas também *o incognoscível*) contrasta com o elemento formal muito determinado que é o objeto *a*.

---

vai ao encontro da expressão matemática *algoritmo eficaz*. Diz-se que um algoritmo é eficaz segundo dois critérios: o de ser capaz de dar origem a outros algoritmos e o de abarcar o maior número de facetas do problema a resolver no mais breve lapso de tempo.

Nesse sentido, pode-se afirmar que o objeto *a* é o real reduzido a uma entidade manejável e eficaz. Assim, uma vez reconhecido que o gozo – que faz as vezes do real – é um enigma impossível de resolver, podemos deixá-lo em suspenso e trabalhar apenas com o objeto *a*. Antes de abordar mais precisamente o objeto *a*, tentemos esboçar o que seria o gozo, ainda que por definição ele continue sendo um enigma. Tendo admitido que o *a* é a sua manifestação sensível, é óbvio que as características do gozo que iremos descrever serão também as características próprias do objeto. Destaquemos esquematicamente quatro traços gerais do gozo.

- Apesar da sua conotação sensualista, o termo "gozo" não quer dizer afeto ou emoção vivida; diferentemente do prazer e do desprazer, ele *continua essencialmente inconsciente*. O gozo não é sentido nitidamente porque não podemos representá-lo em nossa consciência; ele é mais uma impressão indefinida que uma sensação definida.
- O gozo *não é uma experiência de satisfação ou de insatisfação, ele é indiferentemente uma e outra*.
- O terceiro traço se resume ao fato de que o gozo só existe mediante os detritos que produz. Enquanto houver resíduos, o ser goza. Perguntemos uma vez mais: o que é o gozo? O gozo é a força que habita nosso corpo e nos impele para os seres e as coisas que nos são benéficos, ou então nos opõe aos seres e às coisas que nos são nocivos. O gozo são todas as formas de pulsões de vida que nos ligam ao mundo, bem como todas as formas de pulsões de morte que nos protegem e nos afastam do perigo. Gozo quer dizer, portanto, a força que anima um corpo. É a força que conduz o corpo, impele-o a se formar e nascer, se desenvolver, se reproduzir e resistir à morte. Ora, o gozo, força invisível, só se manifesta pelos vestígios sensíveis e concretos de sua passagem. E quais são esses vestígios, senão os detritos que a vida gera? Pois bem, o objeto *a* são justamente

As formações do objeto a

os resíduos corporais do gozo (os excrementos, a voz, o olhar, o seio da mãe depois do desmame, o sangue das regras etc.). Em suma, o gozo é a vida no corpo.

Contudo, para que haja vida em um corpo ainda é preciso haver o *outro*. O objeto *a* é também e essencialmente o outro, todo outro que nutre a minha vida.* O objeto *a* é não só o resíduo que cai da vida que passa, mas também o auxiliar vital e inevitável de toda vida presente. Justamente, antes de definir o quarto traço do gozo, gostaria de me debruçar sobre a noção de objeto. O que é, então, o objeto? No parágrafo que abre os "Três ensaios sobre a teoria da sexualidade",[2] está simplesmente escrito que o objeto é o parceiro da exigência sexual. Nesse texto, a acepção da palavra "objeto" coincide com a de meio para alcançar um fim: o parceiro sexual é meu objeto porque me permite alcançar o prazer sexual. Mas de que parceiro se trata? Será uma pessoa, o corpo dessa pessoa, seu charme? Quem é o outro da união sexual? Essa pergunta é essencial, porque indagar qual é o outro que provoca o meu gozar nos ajudará a entender qual é a natureza do gozar. Ora, a partir do momento em que pensamos com o inconsciente, a partir do momento em que intercalamos o inconsciente entre o objeto (*o outro*) e a satisfação obtida, somos obrigados a reinterpretar esses dois termos. Com o inconsciente, o objetivo alcançado já não é o prazer do coito, mas um apaziguamento profundo e não ressentido conscientemente; e o objeto é uma coisa diferente da pessoa do parceiro. Porém, mais uma vez, que coisa é essa? Quem é finalmente esse outro que me proporciona um bem-estar que ignoro? O que é o objeto para a psicanálise? O objeto, responderá Freud a Jung, não é uma coisa real no sentido físico do termo, mas uma coisa fantasística no sentido

---

* "Chamei esse objeto pequeno *a* de pequeno *a* porque é a inicial em francês do que chamamos *o outro*; com a ressalva, justamente, de que não é o outro, não é o outro sexo, é o *outro* do desejo" (Jacques Lacan, *Lacan en Italie*, Paris, La Salamandre, 1976, p.92).

psíquico do termo.³ Assim, o objeto não é alguém, mas a *fantasia* de alguém. Em outras palavras, o objeto não é um ser, mas a fantasia de um ser; uma fantasia tão inconsciente quanto essa tensão interna e não representável a que chamamos gozo.

- O quarto e último traço característico do gozo, muito importante para nós, e do qual decorrerá a tese das formações do objeto *a*, é o seguinte: os resíduos do gozo, isto é, o objeto *a*, devem ser situados espacialmente fora do corpo. Lacan fixa em uma palavra esse traço do gozo ao dizer: o objeto *a* é um gozo *fora do corpo*, ou um *mais-de-gozar*. Em suma, uma vez despertado pelo parceiro fantasiado, o gozo deve ser apreendido fora dos corpos enlaçados, no entrecorpos (gemidos, esperma, transpirações, odores etc.).

Em resumo, quatro traços situam o gozo e traçam ao mesmo tempo o contorno do objeto *a*:
- o gozo e o objeto *a* são inconscientes;
- o gozo não entra nas categorias satisfação/insatisfação;
- o gozo só existe pelos detritos (objeto *a*) que produz;
- e, enfim, os detritos do gozo estão fora do corpo.

Ressaltemos bem o caráter fora do corpo do objeto, pois é dele que deriva a tese das formações de *a*. Se aceitarmos a hipótese de que o objeto é um gozar alheio ao corpo, errando em torno dele e, ademais, autônomo e autossuficiente, abre-se uma vasta quantidade de questões imperiosas que resumiremos assim. Que relação existe entre *nós* (sujeito) e esse objeto excluído de nós? Qual é o espaço do fora que essa exclusão supõe? Qual é o espaço do objeto *a*? Precisamente, a definição mais geral das formações de *a* contém essas interrogações: as formações psíquicas do objeto correspondem aos diferentes modos que o sujeito tem de perceber seu gozo quando ele se exterioriza numa formação clínica (alucinação, passagem ao ato etc.). Cada formação clínica de *a* é uma violência no corpo ou na ação que se impõe à consciência do sujeito que é seu agente ou vítima. Quando um paciente comete uma passagem ao ato, ele percebe seu gozo sem se dar conta. Mas, quer o sujeito acolha o objeto ou seja atraído por ele, quer o capture ou seja capturado por ele, partimos da suposição de que o sujeito opera uma autopercepção de seu gozo.

Freud estabelece uma relação parecida quando, dirigindo-se a Fliess, submete a ele a ideia de uma "obscura percepção interna pelo sujeito de seu próprio aparelho psíquico".[4] Ou então quando, 20 anos depois, se indaga sobre a percepção tão particular que é a autopercepção dos processos internos inconscientes.[5] Dizemos que é uma relação parecida com a nossa e não que é idêntica, pois esses textos falam da autopercepção do inconsciente, ao passo que o nosso problema é o do gozo, da autopercepção do gozo, ou, o que dá no mesmo, da percepção do objeto. O movimento dessas duas operações perceptivas é o mesmo e igualmente surpreendente: *algo interno e não representável pela consciência é, no entanto, perceptível pelo sujeito*. Mas a grande diferença entre a autopercepção do inconsciente e a autopercepção do gozo é que o inconsciente é perceptível com a ajuda de um intermediário fundamental: as representações pré-conscientes das palavras, ou seja, simplesmente, a fala. Sejamos claros. O inconsciente é o conjunto das representações inconscientes das pulsões sexuais e agressivas que fervilham sob a capa do recalcamento. O pré-consciente, em contrapartida, é o reino mais sossegado das palavras. Nesse sentido, o pré-consciente, equivalente à linguagem comum, está fora do inconsciente. Por fim, o consciente é também o reino das palavras, mas das palavras associadas à representação da coisa que elas nomeiam. Ser consciente de uma coisa significa ter na cabeça a coisa e o nome que a designa. Por isso diremos, por exemplo, que o inconsciente se serve das palavras do pré-consciente para ser ouvido. O inconsciente fala com as palavras do pré-consciente. Em outros termos, quando a pulsão inconsciente se exterioriza, ela entra na zona pré-consciente, se associa a uma palavra que lhe convém e, sob esse disfarce, torna-se perceptível para a consciência. Em suma, só perceberemos nosso inconsciente mediante nossa consciência. A consciência capta o inconsciente na forma de uma palavra surpreendente pronunciada por nossa boca ou pela de um outro.

No entanto, nessa dinâmica entre o inconsciente, o pré-consciente e o consciente, onde situamos o gozo? Como ele é percebido pela consciência?* Ou então, como o objeto é percebido? Justamente, o gozo é essa parte do inconsciente que, quando se exterioriza, não encontra palavras para se dizer, como se atravessasse o pré-consciente sem nele se demorar. A partir daí, como é que ele se manifesta, a não ser por excrescências mórbidas no corpo (psicossomática) ou na ação (passagem ao ato)?

As formações do objeto *a*: observação preliminar

Para saber como o gozo é percebido, recordemos primeiro o caminho percorrido até aqui. Através da lente do inconsciente, reconhecemos que o gozo era o enigma da vida em nós, que o objeto *a* era tanto o parceiro que desperta o gozo quanto o resíduo corporal que testemunha a sua passagem, e que esse resíduo significava um gozar

---

* Conhecemos apenas uma frase em que Freud, com a idade já muito avançada, faz vibrar com igual intensidade essa interrogação sobre a autopercepção do gozo. Como se nos legasse a riqueza de um enigma, escreveu em 22 de agosto de 1938, a seu modo e na sua terminologia: "Misticismo, a **obscura autopercepção** do reino exterior ao eu, do isso" (Sigmund Freud, *Résultats, idées, problèmes*, II, Paris, PUF, 1985, p.288 [ed. bras.: *Achados, ideias, problemas*, in *ESB*, vol.XXIII]). É incrível que as duas palavras dessa frase jogada num caderno, "obscura autopercepção" do isso, sejam as mesmas empregadas nesta frase dirigida a Fliess 40 anos antes: "**Obscura percepção** interna do aparelho psíquico." Seja como for, trata-se sempre da autopercepção, da percepção em si de nossas pulsões, ou seja, da autopercepção do isso, sendo o isso um outro nome do gozo. Ver Sigmund Freud, *Abrégé de psychanalyse*, Paris, PUF, 2001, p.73 [ed. bras.: "Esboço de psicanálise", in *ESB*, vol.XXIII].

fora do corpo. Depois de tê-lo posto fora, queremos saber como esse gozar concreto e sensível se apresenta para o sujeito, como é percebido ou, ainda, quais as modalidades de percepção do gozo pelo sujeito. Estou pensando em um paciente que descobre, surpreso, o aparecimento repentino de um eczema no rosto. O que acontece? Ao querer saber, assimilamos dois níveis a princípio muito separados, o nível formal no qual, como dissemos, o objeto *a* tem um valor formal, e o nível perceptivo, onde o objeto *a*, rebotalho do gozo, fora do corpo, retorna aos olhos do sujeito na forma de uma anomalia na cabeça, no corpo ou na ação. Temos, portanto, dois níveis, o nível abstrato, em que o objeto é um valor formal, e o nível espacial, em que o objeto é percebido pelo sujeito. Ao fazer isso, espacializamos um valor, mergulhamos o valor *a* em um espaço dado. Mas por que assimilar esses dois níveis tão distintos, por que querer espacializar uma notação algébrica? O que há na experiência com nossos pacientes que nos obriga a reduzir o estatuto formal de *a* ao estatuto perceptivo? Pois bem, existe uma questão profundamente ligada à prática e que insiste desde o começo de nossa exposição: como o objeto *a* se apresenta na experiência da análise? E isso duplamente: como ele se apresenta para o paciente que o percebe na sua cabeça, no seu corpo ou em uma ação, e como ele se apresenta para o psicanalista, que quer reconhecê-lo em suas diversas configurações clínicas? Responderemos a essas questões estabelecendo três tipos de apresentações clínicas do objeto aos quais denominamos, portanto, formações do objeto *a*.

Espacialização do objeto *a*

"O objeto *a* está presente em todo lugar na prática do analista", dizia Lacan, "mas ninguém sabe [nem consegue] vê-lo."[6] Com efeito, estritamente considerado como notação lógica, o *a* certamente é inapreensível pelos sentidos e nós jamais saberemos ou poderemos observá-lo diretamente. O nome a é e continuará sendo imperceptível, a menos que o transformemos para torná-lo perceptível. Caso submetamos o a às condições próprias do meio transferencial, nós o veremos adotar diversas figuras resultantes do compromisso entre seu valor lógico e as restrições do meio transferencial. Todas as figuras que o objeto adotar nesse mergulho serão inevitavelmente representações imperfeitas, distorções, confecções com as quais a entidade abstrata a se veste.* Dentre essas figuras, encontraremos fundamentalmente três que correspondem aos três estatutos que damos habitualmente ao objeto em psicanálise: **objeto da fantasia** (que inclui o objeto da pulsão e o objeto do desejo), **objeto errático** (principalmente o da alucinação, da passagem ao ato ou da lesão psicossomática) e **objeto imaginário**, cuja notação lacaniana é (-φ) e cuja significação é ser o falo imaginário. Essas denominações, formas imperfeitas de designar sempre a mesma função abstrata simbolizada pela letra a, correspondem a nosso recorte das três formações do objeto a, pois cada uma delas nomeia uma modalidade de percepção do objeto pelo sujeito.

Mas, observação importante, entre esses três estados nos quais a é clinicamente perceptível – fantasístico, errático e imaginário – permanece uma invariante comum. Que invariante?[7] Existe um

---

* A ideia de espacializar o nome "objeto a" nos foi inspirada pelo trabalho que realizamos com o *cross-cap* e que expusemos em nossa *Introduction à la topologie de J. Lacan*, Paris, Payot, 2010 [ed. bras.: *Introdução à topologia de J. Lacan*, Rio de Janeiro, Jorge Zahar, a sair]. O *cross-cap* é uma figura que se origina da imersão de uma superfície abstrata – chamada plano projetivo – no espaço ambiente de três dimensões. O fato de ter acompanhado passo a passo a transformação de um elemento formal até ele se tornar concreto quando é mergulhado em nosso espaço habitual muito nos ensinou sobre o problema da transformação do valor formal a em um estado clínico em que o objeto a se tornou perceptível.

único termo que atravessa todos esses estados do objeto: o gozo, cuja representação é impossível. É contra o pano de fundo do gozo que o objeto surge como nome, transforma-se e se torna finalmente identificável, e é sempre contra esse pano de fundo que é preciso considerá-lo. Assim, quando o psicanalista encontrar, por exemplo, o *a* imaginário (tomemos o caso de uma impotência sexual em um homem) reconhecerá nele uma maneira que o corpo tem de gozar, ou seja, uma maneira muito especial que o corpo tem de ser ultrapassado pelo inconsciente (a impotência é uma solução para o conflito inconsciente, mas um sofrimento para o homem afetado).

Ora, o problema clínico que temos – como, em um tratamento, o sujeito percebe seu gozar? – converge agora com uma abordagem espacializante do objeto *a*: o gozar *a* será diversamente percebido pelo analisando de acordo com o meio em que o objeto está imerso – um meio recalcante, um meio foraclusivo* ou um meio imaginário. Por conseguinte, as três figuras do objeto, ou, se preferirem, as três modalidades de percepção de *a* pelo sujeito, dependerão de dois fatores: por um lado, da natureza do meio em que o objeto está mergulhado e, por outro, da natureza do sujeito que o percebe.

a. *O meio*. O meio é a transferência analítica na medida em que constitui o enquadramento fundamental de todo acontecimento que ocorre em um tratamento. Já insistimos, no primeiro capítulo, na necessidade de pensar a transferência como um laço produzido por um acontecimento, ou seja, que a transferência só existe e só se atualiza por ocasião de um acontecimento no tratamento. A trama

---

* *Foraclusivo* é um adjetivo derivado da palavra "foraclusão". A *foraclusão*, termo introduzido em psicanálise por Lacan, é um mecanismo de defesa de que o eu se serve para não perceber nem registrar o que lhe é intolerável. É uma cegueira psíquica defensiva. Voltaremos a esse conceito lacaniano de foraclusão nos próximos capítulos e, particularmente, ao nosso conceito de **foraclusão local**.

do acontecimento, lembremos, pode ser recalcante ou foraclusiva, conforme o significante do Nome-do-Pai ordene a estrutura ou, ao contrário, dela esteja foracluído. Seguindo agora o procedimento da espacialização, podemos considerar essas duas tramas de acontecimentos como os dois meios – meio recalcante e meio foraclusivo –, em que o objeto imerso adotará, respectivamente, o estado de objeto fantasístico, em um, e o estado de objeto errático, em outro. Resta ainda um terceiro meio, propriamente imaginário, que corresponde à dimensão imaginária da transferência, em que *a* adota diversas aparências que Lacan resume com a notação (-φ). Temos, portanto, três meios, *recalcante, foraclusivo* e *imaginário*, nos quais *a* imerso aparece respectivamente – aos olhos do analista e do analisando – como objeto *fantasístico*, objeto *errático* e objeto *imaginário*.

b. *O sujeito*. Cada vez que utilizamos o termo "sujeito" ou o pronome "nós", imediatamente agregamos a ele a palavra "percepção" para concluir dizendo que o sujeito percebe o objeto. Ora, é claro que ao falar de percepção não nos referimos à percepção sensorial consciente, nem ao indivíduo que seria seu suporte. Quando empregamos a palavra "percepção", pensamos em três tipos de percepção do objeto, operados respectivamente por três tipos de sujeito: o *sujeito dividido* do inconsciente ($), o *sujeito fragmentado* ($̂) e o *eu* (m). Vejamos agora as três modalidades de percepção do objeto pelo sujeito. Cada modalidade corresponde a uma formação do objeto *a*.

As três formações do objeto *a*

Chamamos, portanto, de formações do objeto *a* as formas que o gozar fora do corpo adota quando é percebido pelo sujeito. O termo "formação" no sentido de "produção psíquica" procura introduzir um critério capaz de correlacionar diferentes entidades clínicas, como o sonho, a fantasia, o *acting-out*, a passagem ao ato, a lesão de órgão ou ainda a alucinação. Temos aí um conjunto de configurações psíquicas cuja operação subjacente é a percepção pelo sujeito de um objeto que emana dele. Conforme as modalidades dessa percepção, propomos três formações do objeto *a*:

– *As formações de* a *produzidas por recalcamento:*

O modo de captação do objeto é aqui a identificação fantasística: o sujeito dividido do inconsciente percebe o objeto tornando-se ele. Em outras palavras, o sujeito percebe a emoção no âmago de sua fantasia identificando-se a ela. Numa fantasia masoquista, por exemplo, o sujeito se vê de joelhos, apanhando de uma mulher negra. Nesse momento, ele é pura dor e humilhação. Tínhamos nos perguntado como o objeto se apresenta para o sujeito; agora respondemos: o sujeito percebe o objeto fundindo-se com ele em uma superfície sem solução de continuidade e secável por um corte, chamada fantasia.[8] A fantasia, protótipo da *formação produzida por recalcamento*, é notada por Lacan $ ◊ *a*, e as configurações clínicas que dela derivam são, por exemplo, a reação terapêutica negativa ou o *acting-out*. O meio em que o objeto está submerso na fantasia é o inconsciente estruturado como uma linguagem, e sua operação primordial é o recalcamento, a fantasia sendo, por essência, recalcada.

– *As formações de* a *produzidas por foraclusão:*

$$\hat{S} ◊ a$$

O modo de captação do objeto é, nesse caso, muito particular: um sujeito não dividido, mas fragmentado ou compacto, percebe um objeto errático.[9] A trama do meio que inclui o objeto e em que se dá a percepção tem uma estrutura diferente da do meio recalcante porque, aqui, a operação predominante é a foraclusão. Levando precisamente em conta o caráter foraclusivo do meio, chamamos essa formação de *formação de* a *produzida por foraclusão*. Entre os exemplos possíveis, destacamos três: a alucinação, que seria o seu paradigma, a passagem ao ato e a lesão psicossomática de órgão.

O problema da foraclusão, seus efeitos de fragmentação ou de compacidade da estrutura significante e o exemplo da alucinação que a ilustra serão os temas dos quais trataremos nos dois próximos capítulos.

– *As formações imaginárias de* a:

$$m \Diamond \text{-}\varphi(a)$$

O modo de captação do objeto se dá mediante as formas imaginárias: a apreensão perceptiva de *a* se produz na dimensão imaginária por um sujeito que não é nem dividido nem fragmentado ou compacto, mas unitário, egoico e imaginário – é o eu que percebe o objeto, é o eu que percebe uma imagem fálica ou, ainda, uma imagem que vela o objeto *a*. Entre as figuras imaginárias mais frequentes de que se reveste *a* na experiência de uma análise destacamos duas. O objeto *a* pode adotar a figura de uma *ausência* que suscita angústia, por exemplo uma ausência imprevista do analista; ou então a figura do *silêncio* do analista em resposta a uma pergunta insistente do analisando. Mas essas duas formas imaginárias do objeto *a* e muitas outras reduzem-se todas à figura de um furo que Lacan representa como o signo (-φ). Por isso, um furo na imagem é o próprio protótipo da formação imaginária de *a*.

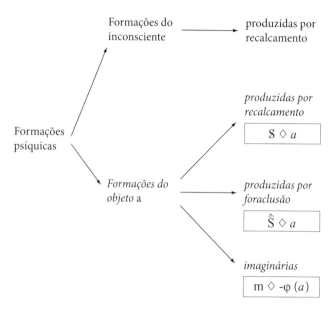

FIGURA 2. As três formações do objeto *a*. A primeira (fantasia) produzida por recalcamento: o sujeito dividido percebe o objeto. A segunda (alucinação) produzida por foraclusão: o sujeito fragmentado percebe o objeto errático. A terceira (histericização) é imaginária: o eu percebe uma imagem marcada por *a*.

Um exemplo em Freud

A tese das formações do objeto *a*, e em particular a distinção entre a formação produzida por recalcamento e a formação produzida por foraclusão, encontra uma notável ilustração no texto de Freud "Dostoievski e o parricídio".[10] Nesse escrito, desenham-se nitidamente duas vias de que o desejo dispõe para se realizar, e que traduziremos no nosso vocabulário atual por dois modos de que o sujeito dispõe para captar o objeto. Esses modos correspondem exatamente àquele, fantasístico, em que o sujeito percebe o objeto na sua cabeça e se identifica com ele; e o outro modo, foraclusivo, em que eu percebo "meu" objeto não no meu corpo (eczema) ou na minha ação (ação impulsiva), mas no corpo ou na ação de outra pessoa que, por exemplo, alucina, sofre de um eczema ou age impulsivamente. Um deseja, mas é o outro que alucina, sofre ou mata. Na primeira modalidade de percepção do objeto, o desejo se realiza sob a égide do significante do Nome-do-Pai – o sujeito se identifica com o objeto; já na segunda modalidade, em que meu desejo se realiza não na minha cabeça, mas no meu corpo ou na minha ação, no corpo de outra pessoa ou na sua ação, eu percebo o objeto errático seja em mim, seja no outro. O que é, então, que está foracluído? É o símbolo, é a capacidade do sujeito de simbolizar seu desejo parricida passando pelas provas inevitáveis da vida. Cada prova vencida é um assassinato simbólico do pai. Ao invés de simbolizar, como se deveria fazer normalmente, o sujeito alucina, sofre de uma lesão psicossomática ou se precipita numa passagem ao ato. Retomemos, pois, esses dois modos de percepção do objeto, o modo fantasístico e o modo foraclusivo.

Primeiro modo de realização do desejo por meio da fantasia: formação de objeto a *produzida por* **recalcamento**. O desejo que está no cerne desse texto freudiano é o desejo parricida que inflama tanto o autor Dostoievski quanto os personagens de seu romance *Os irmãos Karamazov*. Enquanto na vida do escritor o desejo parricida se satisfaz parcialmente mediante crises convulsivas e desmaios, no romance ele se satisfaz também, mas com o assassinato de um pai. As crises que abatiam Dostoievski fazendo-o perder a consciência eram para Freud ataques histéricos que ele explicava como uma identificação fantasística ao pai morto.

Identificação que formularíamos assim: "Você queria matar o pai para tomar o seu lugar. Agora que você está desmaiado, você é o pai, mas o pai morto." O sujeito sem dúvida se identifica com o objeto ficando morto como ele; mas a fantasia é uma formação psíquica muito concisa e condensada, o sujeito se torna não só o objeto, mas também a própria ação que os vincula, nesse caso, a ação de matar. A fantasia posta em ato na forma de um ataque histérico significa, portanto, insisto, uma única identificação com duas faces. O sujeito se identifica com o *objeto*: Dostoievski desmaiado é o pai morto. E, simultaneamente, o sujeito se identifica com o significante que é a própria *ação* de matar: Dostoievski desmaiado é o pai matando seu filho, mas também sendo morto por ele. Essas duas faces da identificação fantasística podem ser lidas na articulação lógica de duas letras e um signo, $S \lozenge a$, que Lacan resume dizendo: o sujeito é corte de *a*. Em suma, o sujeito é tanto *corte* – isto é, identificado com o significante-verbo que na fantasia designa a ação (matar) – quanto *objeto do desejo*, isto é, identificado com o gozo (objeto *a*) na forma do corpo inerte que jaz no chão (pai morto[11]). O sujeito está identificado com a ação de matar e com o corpo do pai morto.

Abordemos agora o *segundo modo de realização do desejo. Trata-se de uma ação cometida por procuração. Um deseja, mas é outro que age.* Esse segundo modo de realização do desejo se dá por meio de uma formação de *a* produzida por **foraclusão**. Nesse segundo modo, o objeto é errático no que diz respeito ao sujeito. Já não se trata da fantasia, nem da relação de um sujeito dividido, ajustado e confuso com o corte e com *a*, mas sim de uma relação arrebentada entre um sujeito fragmentado e uma ação (objeto) que ele deveria ter realizado, mas que outros realizaram em seu lugar. Para explicar esse segundo modo de realização do desejo, essa outra maneira que o objeto tem de aparecer para o sujeito, Freud se apoia em personagens célebres saídos da literatura: Édipo, Hamlet e os irmãos Karamazov. Cada um desses personagens, tomado pelo desejo parricida, vê – sem saber e do seu lugar de sujeito, ou seja, vê numa percepção inconsciente – seu desejo se satisfazer graças a uma ação realizada por outra pessoa. Édipo deseja inconscientemente matar o pai e ele o mata sem saber que é seu pai que está matando; Hamlet deseja inconscientemente matar o pai, mas é um outro, alheio ao laço familiar, que comete o crime; e finalmente Ivan e seus irmãos, arrebatados pelo voto assassino de fazer desaparecer o velho Karamazov, armam com seu desejo parricida a mão de um outro, Smerdiakov, que realiza finalmente o assassinato do pai. É preciso ler e reler esse memorável texto de Freud para sentir a tensão que significa essa gradação, esse deslocamento cada vez mais distante da ação que satisfaz o desejo. Cada personagem percebe de fora esse gozar fora do corpo materializado num assassinato cometido por outro. Portanto, o objeto aparece para o sujeito na forma da ação de um outro: "Pouco importa saber quem efetivamente realizou o ato. A psicanálise se preocupa somente em saber quem o quis em seu coração e quem o acolheu depois de realizado."[12] O que conta não é tanto quem cometeu o crime, mas o fato de que esse crime satisfaz um desejo e atinge sobretudo quem o desejou. No nível consciente, o gozar (o crime) é percebido (acolhido) pelo sujeito como uma coisa absolutamente alheia a seu querer. No nível inconsciente, o crime é percebido pelo sujeito como a realização de seu desejo. Hamlet, por exemplo, receberá a notícia do assassinato de seu pai como o acontecimento que mais entra em choque com todas as fibras de seu ser; no entanto, esse mesmo acontecimento, considerado do ponto de vista da psicanálise, significa para o sujeito do inconsciente "Hamlet" a mais completa satisfação de seu desejo parricida.* Conscientemente, Hamlet fica horrorizado, incons-

---

* "A julgar por nossos desejos inconscientes, nós mesmos não passamos de um bando de assassinos" (Sigmund Freud, "Considérations actuelles sur la

cientemente Hamlet fica satisfeito; o primeiro rejeita um crime, o segundo se alivia com o crime. Repitamos uma vez mais, ali onde Hamlet vive o horror do assassinato de seu pai, inconscientemente percebe esse crime como se fosse seu autor triunfante.

Mas, diferentemente da fantasia em que o sujeito do inconsciente se identifica com o objeto *a* e com o significante-ação, falta ao nosso segundo modo de realização do desejo – ilustrado pelo caso de Hamlet – justamente a identificação com o significante. Lembremos que na estrutura da fantasia o sujeito é tanto corte *significante* quanto objeto *a*. O sujeito ora é a ação: ele *é* o ato de matar; ora o gozar: ele *é* a violência e o corpo atingido pela violência. Aqui, no caso de Hamlet, a identificação se opera de maneira totalmente diferente. Hamlet não é o sujeito de nenhum significante nem de nenhuma ação que o signifique. Não é ele que mata seu pai, é seu tio. Logo, seu desejo de suprimir o pai será cumprido sem que ele mesmo o realize. Qualificamos o sujeito que percebe a satisfação de seu desejo através do ato de um outro – em oposição ao sujeito dividido da fantasia – de sujeito *fragmentado* e o notamos $\hat{S}$. Várias razões, que desenvolveremos no próximo capítulo, justificam o termo "fragmentado"; por enquanto, digamos apenas que o sujeito fragmentado é aquele que – com base na foraclusão de sua capacidade de simbolizar – se identifica com o objeto errático *a* que surge em um outro.

Mas deixemos a literatura de lado e observemos a frase de Freud: "Pouco importa saber quem efetivamente realizou o ato, mas somente quem o quis em seu coração e quem o acolheu depois de realizado." Parece talhada nos moldes da experiência ordinária do tratamento. Parafraseando Freud: pouco importa saber quem fala, mas somente quem está habitado pelo desejo e quem

---

guerre et la mort", in *Essais de psychanalyse*, Paris, Payot, 1981, p.37 [ed. bras.: "Pensamentos para os tempos de guerra e morte", in *ESB*, vol.XIV]).

reconhece que tal ato ou tal palavra é efetivamente a satisfação desse desejo. Com efeito, às vezes, ao falar, ao sonhar ou mesmo ao alucinar, o psicanalista realiza insabidamente o desejo de seu analisando. O inverso é verdadeiro. Às vezes, o analisando realiza sem saber o desejo de seu analista. O que queremos dizer? Que o psicanalista e o analisando podem ocupar indistintamente o lugar do sujeito ou o lugar do objeto.

Se aceitarmos, conforme as asserções que abriram este capítulo, que a transferência só existe e só se atualiza numa formação psíquica – seja a do inconsciente, seja a do objeto *a* – haveremos de convir que nesse momento, e somente nesse momento, a transferência e a referida formação psíquica constituem uma única e mesma coisa. Quando um analisando alucina, a transferência não deve ser buscada em nenhum outro lugar a não ser no próprio fato da alucinação, analista e analisando confundidos.

3. A FORACLUSÃO LOCAL: UM CONCEITO NOVO PARA ENTENDER MELHOR A PSICOSE E EXPLICAR POR QUE CADA UM DE NÓS PASSA INEVITAVELMENTE POR MOMENTOS DE LOUCURA

O que é a foraclusão local?

Antecedentes freudianos do
conceito lacaniano de foraclusão

Localidade da foraclusão

O mecanismo da foraclusão,
o estatuto do foracluído e o chamado

Efeitos da foraclusão:
uma consistência maciça ou fragmentária

O que quer dizer "... reaparece no real"?

O que é a foraclusão local?*

> *Antes de ler este capítulo, convidamos o leitor a se remeter às citações de Freud e de Lacan, bem como a nossos comentários sobre a **foraclusão**. (p.127-36)*

❏ *Como definir em poucas palavras a foraclusão local?***
Minha tese, tantas vezes retomada pelos que tratam de pacientes cujos sintomas ficam entre a psicose e a neurose, é a da ***foraclusão local***. É um conceito novo derivado de uma constatação clínica: um distúrbio psicótico, por exemplo um surto delirante ou uma alucinação, sobrevém em pacientes neuróticos que, apesar da gravidade de tal distúrbio, não têm uma estrutura psicótica; e, inversamente, pacientes diagnosticados como psicóticos apresentam, fora de seu delírio e às vezes no próprio momento do delírio, comportamentos plenamente normais. Estou pensando aqui em um jovem com um passado doloroso marcado por tentativas de suicídio, episódios delirantes e diversas internações, que, no entanto, me põe a par de sua história com uma incrível lucidez e muito bom senso. Esse caso, entre outros, me levou a pensar que a foraclusão, mecanismo principal na origem da psicose, desencadeia-se numa zona bem delimitada do psiquismo e perturba apenas uma faceta da vida do sujeito.

---

* Para efeito de ênfase, o autor optou por repetir, nesta seção do Capítulo 3, parte da argumentação apresentada no Prefácio. (N.E.)
** As perguntas a que respondo foram redigidas a partir de questões formuladas pelos que assistiram a meus seminários sobre a foraclusão local.

◘ Antes de prosseguir, o senhor poderia me explicar o que é foraclusão?

Em termos breves, a palavra "foraclusão", oriunda do vocabulário jurídico, foi proposta por Lacan para denominar uma falha psíquica na origem dos estados psicóticos. Que falha é essa? É a incapacidade que um indivíduo tem de reconhecer o que percebe, embora seus órgãos sensoriais permaneçam intactos. Ele vê, ouve, sente ou toca o objeto, percebe o acontecimento, mas não o identifica, não o reencontra em sua memória e é incapaz de lhe dar um nome. Numa palavra, foraclusão é perceber o objeto sem poder imprimir sua representação no psiquismo. Até aqui, essa definição pertence ao domínio da psicologia da percepção. Mas se quisermos agora dar um sentido psicanalítico à foraclusão, devemos introduzir um elemento essencial, a saber, que a incapacidade do sujeito de reconhecer o que percebe é um meio de se proteger de uma realidade que lhe é intolerável. Para a psicanálise, um sujeito que foraclui a realidade é um sujeito que **não pode** reconhecer o que, no entanto, está diante dele. Ele recusa com a cabeça o que aceita com os olhos. Estamos perante uma defesa psíquica que nos lembra o recalcamento. Ambos, *recalcamento* e *foraclusão*, são, com efeito, defesas do eu para se proteger do que o ameaça. O recalcamento é perceber uma realidade desagradável, reconhecê-la como desagradável, ou seja, forjar uma representação dela e relegar essa representação ao recôndito do inconsciente. ***A foraclusão, ao contrário, é perceber uma realidade mais que desagradável, traumática, não representá-la e ver essa não inscrição se manifestar imediatamente ou mais tarde por um fenômeno sensorial mórbido. A foraclusão é a única defesa psíquica tão violenta que torna o cognitivo violentamente sensitivo.***

Vamos devagar. Recalcar um fato angustiante significa esquecê-lo. Comumente, é a atitude que todos adotamos para amortecer os golpes da vida: tentamos esquecer. Foracluir, em contraposição, é uma reação mais radical. Para o futuro psicótico, foracluir um choque traumático significa opor a ele uma rejeição categórica e definitiva. É uma recusa terminante de acusar o golpe do trauma, de apreender sua significação e até mesmo de sentir a dor que ele causa. Penso naquele jovem, atualmente psicótico, que, sendo uma criança sadia e muito apegada ao pai, recebeu a notícia da morte acidental deste com total indiferença. Ele ficou brincando e rindo no meio da família enlutada como se nada tivesse acontecido. A foraclusão é uma anestesia das sensações e, portanto, da consciência do que é percebido. Percebo o acontecimento perturbador, mas não sinto nada nem reconheço a violência que ele significa. Percebo sem saber o que percebo. Ora, uma recusa tão absoluta do impacto traumático tem um preço alto. Desencadeia inexoravelmente abalos sísmicos que, insidiosamente, durante o período de incubação da psicose, vão fraturar o psiquismo do sujeito até a manifestação dos primeiros sintomas psicóticos. De modo diverso do recalcamento, que é uma defesa suportável, a defesa foraclusiva é uma defesa tão desesperada que provoca uma falha séria no eu. Quando uma criança foraclui um trauma, produz-se de imediato um branco, um buraco mental que perturba o sistema psíquico e anuncia a ocorrência do fato psicótico, seja no futuro doente mental, seja numa pessoa sadia. Deve-se entender que a maioria dos sintomas psicóticos, como o delírio, a alucinação, a despersonalização, ou ainda um microdelírio ocasional num adulto normal, é a expressão clínica de um eu desesperado que procura colmatar a brecha outrora aberta pela brutalidade da recusa foraclusiva. Como se o eu, depois da foraclusão, acumulasse as imperícias e agravasse seu estado. Certamente, o trauma inicial foi uma violenta agressão para a criança, mas a defesa foraclusiva com que seu eu ainda imaturo tenta negar a agressão é mais violenta ainda. A defesa contra o mal é mais nociva que o mal que ela pretende combater: incapaz de sentir e de reconhecer o trauma, o eu se fratura inevitavelmente. Em suma, *recalcar* quer dizer admitir a situação penosa e depois esquecer, ao passo que *foracluir*, pelo contrário, quer dizer escotomizar o trauma a ponto de, mais tarde, tornar o sujeito psicótico, nem que seja *localmente*. Digo "localmente" para lembrar que o trauma e a foraclusão que o ignora afetam apenas uma folha entre as diversas folhas que compõem o eu. Por isso qualifiquei a foraclusão de **local**. É verdade que existem muitas hipóteses psicanalíticas, neurocientíficas e genéticas sobre a origem da doença mental, mas a da foraclusão local – verdadeira cegueira psíquica diante de um trauma infantil – é, a meu ver, uma das mais úteis para escutar o fato psicótico que ocorre tanto em uma pessoa sadia quanto em uma pessoa doente.

◻ *Por que o senhor qualifica a foraclusão de "local"?*

> *"Toda pessoa normal é, na verdade, apenas medianamente normal, seu eu se parece com o do psicótico em maior ou menor medida."*
> S. Freud

Antes de responder, devo fazer alguns esclarecimentos prévios. Postulo, com efeito, que todo indivíduo é uma pluralidade de pessoas psíquicas, ou seja, uma multiplicidade de estados subjetivos, sadios e doentes, coexistindo. Como eu lhes dizia há pouco, acreditamos que somos "um", quando na verdade somos "vários". Ora, entre esses "vários" que nos compõem, há alguns que permanecem sob o domínio de uma fantasia venenosa. Logo, o psiquismo global de um indivíduo poderia ser concebido como um sistema folhado, uma espécie de mil-folhas montado numa multiplicidade de planos superpostos. Se eu tivesse de descrever meu espaço mental, diria: ***Sou uma pluralidade de pessoas psíquicas, geralmente normais, por vezes patológicas, empilhadas e ligadas entre si por um fio invisível que consolida minha unidade.***

Essa ideia de um *sujeito folhado*, que venho expondo desde 1979,[1] ajudou-me a explicar por que um psicótico grave, por exemplo, conserva regiões saudáveis em seu psiquismo; ou, ao contrário, por que um indivíduo perfeitamente normal nos seus relacionamentos cotidianos pode ficar circunstancialmente delirante, ou seja, localmente psicótico quando está sob a influência de uma cena fantasiada patogênica.

Todavia, essa ideia de coexistência entre funcionamentos mentais sadios e doentes também permite explicar um fenômeno curioso, embora universal: cada um de nós, mesmo sendo normal, está sujeito vez por outra a ataques de loucura sem que por isso a sua vida fique desestabilizada. Ora, como entender essa loucura que não se traduz por distúrbios mentais caracterizados, mas por uma conduta excessiva, desproporcional, ainda que passageira? Com efeito, todos conhecemos pessoas que geralmente se comportam de maneira plenamente coerente, mas que, no entanto, em determinado terreno sensível da vida delas (dinheiro, sexo, doença, divórcio, filhos, trabalho, autoridade etc.) escorregam, reagem de maneira exagerada e rígida, com a certeza de estarem com a verdade. Essa loucura efêmera – mas não patológica, pois não exige cuidados – está fundamentada numa ideia falsa, numa fantasia, num argumento inventado em que alguém de nosso convívio se torna persecutório e responsável por nosso sofrimento. Logo, o que é estar louco? É ter a certeza visceral, irracional da verdade do que se pensa e do que se faz. Diferentemente do neurótico, que *acredita* ou *não acredita* nos fundamentos do que pensa ou do que faz, o louco que às vezes somos, no momento mesmo da loucura, não duvida e sabe cegamente o que deve fazer; a paixão é mais forte que a razão. Estar louco é ir obstinadamente atrás da sua ideia, uma ideia fixa e falsa que irrompe sempre nas mesmas circunstâncias, toma conta de nós e nos impele a agir. Estar louco é não ouvir mais nada além do que se quer ouvir. É isso a ruptura psicótica com a realidade! A mente cega curva a realidade à sua ideia, em vez de submeter sua ideia à realidade. Portanto, é possível afirmar que, ainda que equilibrada, uma pessoa abriga, enquistada num recanto de sua mente, uma fantasia virulenta prestes a irromper num acesso de loucura, como um microdelírio circunscrito e ocasional.

Essas escorregadas incontroláveis, repetitivas e que fazem parte de nossa identidade mais íntima, são expressão de uma *foraclusão local* que opera apenas num dos planos que estruturam nosso ser. O plano danificado, apesar de tocado pela foraclusão, respeita o equilíbrio global da estrutura psíquica. Estamos, portanto, diante de um indivíduo saudável, mas discretamente delirante num lugar recôndito de sua vida. Acrescentemos que esse microdelírio circunscrito e momentâneo, bem integrado à realidade cotidiana do sujeito, adota às vezes a forma sublimada de uma paixão criativa sem a qual nenhuma grande obra poderia ter sido realizada.

Mais uma palavra ainda para lhes falar de um conceito que forjei recentemente, o de ***foraclusão voluntária do psicanalista***,* quando ele escuta. É uma expressão que designa a operação mental necessária para criar o estado mais apropriado para a escuta do analisando. O que é a foraclusão voluntária? É, na verdade, uma intensa concentração voluntária do psicanalista até esvaziar seu eu de todos os ruídos e preocupações cotidianas que o agitam e instalar o *silêncio em si*. É então que, nesse silêncio interior, o clínico percebe em si fragmentos da fantasia inconsciente do analisando. Em outras palavras, o psicanalista foraclui os produtos afetivos e ideativos de seu eu para deixar surgir no espaço de seu silêncio interior os produtos inconscientes de seu analisante.

---

* Ver também p.25-6, 45 e 48n.

Antecedentes freudianos do conceito lacaniano de foraclusão

A foraclusão não me parece ser uma operação capaz de dar conta, sozinha, de um caso de psicose, mas um mecanismo local que determina fatos locais, sejam eles considerados psicóticos ou não. A psicanálise precisa de um mecanismo estruturado que explique a produção de certas formações psíquicas, tais como a alucinação, a passagem ao ato ou a chamada lesão psicossomática, que se manifestam como fatos estritamente delimitados, frequentes em análise e, no entanto, negligenciados pela teoria. Essas três formações fazem parte de um conjunto de formações clínicas, heterogêneas ao simbólico, que chamamos de *formações do objeto a*. Em todas essas formações, o gozo predomina, mas naquelas que nos interessam o gozo se manifesta de uma maneira muito particular. Sem qualificar essas formações de psicóticas, acho que o mecanismo delas é mesmo a foraclusão.

Essa afirmação só se sustenta com a condição de libertar a foraclusão do preconceito que a encerra no quadro ambíguo da psicose. Existem poucas palavras em psicanálise tão perigosas e geradoras de preconceitos quanto "psicose". Ela engloba de maneira extremamente imprecisa não só uma diversidade de tipos clínicos que um dia obterão seu estatuto de entidades autônomas, como inúmeros distúrbios clínicos – a alucinação, por exemplo, cujo surgimento não traduz necessariamente uma psicose. Arrastada por essa indeterminação e reduzida à famosa definição lacaniana segundo a qual "o que é rejeitado do simbólico reaparece no real", a foraclusão é hoje um vago sinônimo de psicose.

Temos, portanto, dois problemas a tratar. Em primeiro lugar, justificar nossa hipótese de que a foraclusão é um mecanismo local determinante dos fatos locais. Em seguida, tomando o exemplo da alucinação, indagar qual a relação entre a manifestação do gozo nesses fatos clínicos e o mecanismo foraclusivo. Neste capítulo trataremos da foraclusão e deixaremos para o próximo o problema da alucinação.

Retomemos agora um dos antecedentes freudianos do conceito de foraclusão, forjado na comparação com o conceito mais geral de recalcamento. A partir da minha leitura dos artigos "As psiconeuroses de defesa" e "Novos comentários sobre as psiconeuroses de defesa"[2], concluí que Freud distingue três tipos de defesa do eu contra a representação intolerável, três maneiras de nada querer saber sobre o sexo. As duas primeiras são modalidades do recalcamento, ao passo que a última é justamente a foraclusão. A primeira defesa opera substituindo a representação inconsciente e inaceitável por uma representação consciente, insignificante e aceitável; é o caso da neurose obsessiva. A segunda defesa, chamada conversão histérica, opera transpondo o investimento libidinal da representação inconsciente e intolerável para a representação consciente de uma parte do corpo. Se o histérico sofre de uma paralisia do braço, é a representação mental do braço que será sobreinvestida a ponto de paralisar efetivamente o braço. Essas duas primeiras defesas dependem de uma transferência de libido semelhante: a libido passa de uma representação inconsciente para uma representação consciente. O eu se defende investindo elementos de mesma natureza. A representação inconsciente e a representação consciente, o recalcado e o retorno do recalcado permanecem equivalentes e de consistência homogênea. Lacan exprimia-se dizendo: o recalcado e o retorno do recalcado são uma única e mesma coisa.

Abordemos agora a terceira defesa, o terceiro tratamento egoico da representação intolerável. Nesse caso, já não há trocas ou equivalências, as regras da interação estão rompidas. A representação é banida do mundo mental e reaparece violentamente no mundo dos sentidos como coisa alucinada, visual, auditiva, olfativa ou tátil. A representação deixa de ser ideia para se reificar em uma sensação vivida, violentamente vivida. Na verdade, o alucinado vive uma sensação monstruosa. Ele sente sem poder representar o que sente; portanto, a sensação está ali, onipresente e devorante, sem que nenhuma representação mental a reflita. O sujeito alucinado não está dividido entre sensação e representação, ele é todo sensação. Assim, a operação foraclusiva não é discreta, é violenta: "Existe, contudo, uma espécie de defesa muito mais enérgica e eficaz", escreve Freud. "Nela, o eu rejeita [ou melhor, *foraclui* (*verwirft*)] a representação intolerável juntamente com seu afeto e se comporta como se a representação nunca tivesse chegado a ele." E algumas linhas mais adiante: "O eu se desprende da representação intolerável, mas esta está inseparavelmente ligada a um fragmento da realidade, de modo que, ao realizar essa ação, o eu também se separa, na totalidade ou em parte, da realidade."[3] Nessas fases, o eu se desespera, já não há troca ou comércio, apenas arrancamento e rejeição. A representação é rejeitada sem ter tido tempo de se dissociar nem do afeto nem da realidade a ela vinculada, e menos ainda do próprio eu. A representação se destaca do eu e, colada a ela, indissociavelmente, como uma solidificação, um fragmento do eu também cai; não há aqui nenhuma separação conforme linhas divisórias prévias, apenas dilaceramento e arrancamento. O eu rejeita e, ao rejeitar, se dilacera.

Há duas coisas que devem ficar claras. Primeiro, que o eu é o conjunto das representações, algumas das quais inscrevem na cabeça o desejo sexual que ferverilha no corpo. Justamente, a representação a ser rejeitada é intolerável porque a sensação do desejo sexual nela representada é viva demais e, portanto, assustadora demais. Assustadora demais porque impele o sujeito a transgredir o interdito, expondo-o, então, à punição da castração. Rejeitar a representação significa nada querer saber sobre sexo nem aceitar o risco da castração. É efetivamente a realidade do desejo sexual que torna intolerável a representação. Enquanto a referida representação faz parte do eu, a realidade do desejo sexual fica vinculada a ela, assim como o sentido se vincula a seu representante; mas basta a representação ser arrancada do eu, foraclusivamente arrancada, para que cesse de ser representação e para que o fragmento de realidade (desejo sexual) a ela subordinado passe a preponderar (onipresença da sensação na forma de uma alucinação). Representação e realidade permanecem solidárias e distintas enquanto estão integradas no tecido do eu; mas, excluídas do eu, já não passam de uma massa indiferenciada. O eu se dilacera e perde um pedaço que, uma vez rejeitado, é uma coisa totalmente diferente de sentido e representação. Ou seja, uma coisa, uma massa com duas características contrárias à natureza simbólica de uma representação: bastar-se a si mesma numa autonomia completa em relação ao conjunto simbólico das representações em geral e, correlativamente, estar despojada do sentido sexual inerente às representações. Essa coisa, em que a representação sexualmente intolerável se transformou depois da expulsão (por exemplo, a voz alucinada ou um eczema no rosto), já não conserva nenhum vestígio de sua origem significante. Sua textura mudou e, no entanto, observação importante, ela continua sendo coisa do eu.

O segundo comentário é que, com esse dano local, a capacidade perceptiva do eu fica perturbada. O bloco indiferenciado que emerge fora, intempestivo, será alucinado com a nitidez de uma realidade exterior inconteste. ***A representação rejeitada retorna ao eu, transformada em percepção alucinada.***[4] O eu alucina então, subitamente, não a representação, que, fora, deixou de ser representação, nem mesmo um pouco de realidade, mas tudo isso em bloco, que continua sendo coisa do eu.

O eu alucina o retalho do eu dilacerado. Quando a jovem histérica[5] ouve o chamado alucinado de seu amante ausente, essa voz que chama não é emitida por alguém, é uma parte de seu eu dividido, uma parte que retorna a ele de fora.* Uma coisa é afirmar: o eu alucina vozes; outra muito diferente: o eu alucina um eu. Essa última fórmula se sustenta desde que se entenda bem que se trata sempre do mesmo eu, mas clivado em duas partes heterogêneas. O problema todo da foraclusão é este: o eu que rejeita e alucina é radicalmente heterogêneo ao eu objeto da alucinação. Em contraposição, o eu que recalca uma representação substituindo-a por outra representação (retorno do recalcado) é um único e mesmo eu. Em outras palavras, no recalcamento, o recalcado e seu retorno são homogêneos, ao passo que na foraclusão, embora se trate sempre do eu, o que é rejeitado é profundamente heterogêneo ao que reaparece. A operação foraclusiva é, dessa forma, mais radical que a do recalcamento, pois o que reaparece é tão heterogêneo ao núcleo intolerável que não há remissão possível de um ao outro: o sujeito nada sabe a respeito de uma castração pela qual não passou. O preço dessa foraclusão foi uma lesão local, e seu correlato, a alucinação.

Eis, portanto, o movimento da foraclusão tal como podemos extraí-lo desses primeiros escritos de Freud. Em termos básicos, a sequência é extremamente simples: uma coisa do eu dói, este a arranca sem discriminação, rejeita-a para fora e finalmente a reencontra transformada em uma sensação corporal onipresente (eczema, por exemplo) ou alucinada (a voz que injuria). Por trás da terminologia freudiana podemos ler nas entrelinhas a tradicional fórmula lacaniana da foraclusão: *o que é rejeitado do simbólico reaparece no real*. Que eu traduziria assim: *o que é rejeitado da cabeça reaparece como uma sensação monstruosa no corpo (alucinação, lesão psicossomática ou passagem ao ato)*. Diríamos que

---

* Podemos considerar que esse fragmento do eu, que virou alucinação, é um dos avatares do supereu. O supereu alucinado adota aqui a forma de uma voz que chama; em geral, a forma de uma voz depreciativa que insulta e humilha.

tanto Freud quanto Lacan centram o movimento foraclusivo em torno de um gesto decisivo: rejeitar. Poderíamos ficar nisso e nos contentar com a equivalência: foraclusão = rejeição. Contudo, nada é mais incerto, então indaguemo-nos sobre o seguinte: se o retorno é tão heterogêneo ao foracluído, se a alucinação é tão heterogênea à representação intolerável, como não duvidar da própria existência da relação entre eles e, no limite, da própria existência de cada um desses termos? Em outras palavras, será que o retorno (alucinação) é mesmo o retorno da representação intolerável? Será que essa representação alguma vez existiu?

É Freud quem inspira essas dúvidas. Nas frases citadas anteriormente, ele sugere que talvez a tal representação nunca tenha tido acesso ao eu. É uma sugestão quase inconcebível: como é que se pode rejeitar uma coisa que nunca esteve em nós? E mais, como essa coisa pode retornar se ela nunca existiu? Modifiquemos os termos. No recalcamento, o sujeito não quer saber de uma castração que ocorreu e pela qual passou; mas **na foraclusão, como aceitar que o sujeito nada queira saber de uma experiência que ele nunca conheceu por jamais ter tido acesso a ela**? São perguntas que procuram pôr em questão a ideia de rejeição e os dois preconceitos implícitos que ela contém: o preconceito ontológico do ser – a representação seria uma substância; e o preconceito espacial de uma fronteira que separa o interior do exterior – a representação seria expulsa de um dentro para um fora.

Mas existe ainda outra falsa noção que onera muito a nossa prática e da qual deveríamos nos livrar. Se quisermos traduzir em teoria o que nossos pacientes nos ensinam, é preciso não só questionar a ideia de rejeição, mas também parar de situar a incidência da foraclusão em um plano global provocando efeitos igualmente globais. Por exemplo, não há nada nessas frases freudianas que estamos comentando que leve a pensar que a foraclusão comportaria o colapso do eu. O que delas se extrai é o contrário. A defesa, sem dúvida, foi poderosa demais e o eu sofreu uma perda, mas este continua sendo, em seu conjunto, uma espécie de unidade consistente. O dano foi apenas local, e a perda, parcial. É precisamente este o sentido dessas frases ao enunciarem que a separação da realidade pode ser parcial. Mesmo o caso da jovem histérica que acabamos de mencionar mostra que se trata de fenômenos alucinatórios transitórios e passageiros sem dano geral do sujeito.[6] Num outro escrito, Freud é ainda mais incisivo: "O problema da psicose seria simples e claro se o eu se destacasse totalmente da realidade, mas aí está algo que raramente ocorre ou, quem sabe, nunca ocorre."[7]

Valendo-nos do conceito de par significante, procuraremos dissipar as duas falsas noções de rejeição e de globalidade da foraclusão. E ainda que não consigamos esclarecer várias dificuldades que nossa crítica deverá levantar, ao menos apresentaremos outra sequência do movimento foraclusivo, capaz de responder melhor à nossa experiência clínica. Para isso, abordemos os quatro aspectos da foraclusão. Em que *plano da realidade* ela age? Por meio de que *mecanismo*? Em relação a que *elemento*? E provocando quais *efeitos*?

Localidade da foraclusão

Vimos que a realidade intolerável – isto é, a realidade do desejo sexual e seu correlato, o medo da castração – inscreve-se no psiquismo através de uma representação que o eu vive como intolerável. Mas será que as outras representações no eu também são intoleráveis? Quero dizer: a realidade intolerável da castração está vinculada a uma única representação ou a todas? A teoria lacaniana do par significante fornece a resposta e, simultaneamente, corrige a pergunta. Podemos dizer que a realidade intolerável inerente a uma representação só existe e é intolerável na relação lógica entre *uma* representação e *todas* as outras. A realidade não está ancorada em uma ou em todas, mas organizada entre uma representação e o restante delas. Também a realidade da castração se apresenta como uma armação construída segundo a lei da relação do Um com o todo, com um todo em que falta precisamente esse Um. Portanto, lei da relação do Um com o não-todo ou, então, de um significante S_1 com os outros significantes S_2.

Ora, já sabemos que a relação entre S_1 e S_2 pode ser considerada segundo três quadros conceituais: exceção/não-todo; ex-sistência/consistência; e sucessor/série. Ou bem o Um faz exceção ao nãotodo de onde falta; ou ex-siste em posição externa ao conjunto dos outros, determinando-os, contudo, em sua consistência – S_1 ex-siste para que S_2 consista; ou então, enfim, o Um corresponde ao lugar do sucessor de uma série articulada pelos outros significantes. Em todos esses casos, reconhecemos a mesma matriz da relação entre o Um e os outros, como se a rede simbólica evocasse a imagem de um tecido (S_1) do qual foi extraído um fio (S_2) para fazer a orla e lhe conferir consistência.

Mas não chegaremos a entender o mecanismo da operação foraclusiva e seu caráter local se imaginarmos essa matriz como uma relação formal e estática. Ao contrário, essa relação é causal e em movimento: justamente porque há Um fora ou na borda é que os outros permanecem juntos; e estes, por sua vez, podem suceder-se um depois do outro porque na extremidade da cadeia há justamente o lugar do sucessor esperando ser ocupado. O S_1 é tanto elemento quanto lugar: *elemento* excluído que, contendo os outros, lhes dá consistência – S_1 ex-siste para que S_2 consista –, e *lugar* sempre inocupado do sucessor que garante o movimento do conjunto. Podemos sintetizar dizendo: um elemento se agrega à extremidade da série, ocupa o lugar do sucessor e, imediatamente, outro sucessor é esperado; a posição do sucessor se deslocou um dente na engrenagem. Nesses dois passos – inscrição de um elemento na borda do conjunto e deslocamento incessante da posição do sucessor para o exterior[8] – reside a condição mínima para que a cadeia dos significantes se mova e não se desfaça. Nossa realidade está tramada assim: um tecido em que há constantemente um fio que sai da trama e se posiciona como orla.

Ora, justamente, não deveríamos escrever "nossa realidade" como se ela fosse a mesma desde sempre, como se a castração não tivesse advindo de uma vez por todas. Ao contrário, cada vez que o fio sai e o limite do tecido se instaura, temos *uma* realidade entre outras; uma realidade distinta das outras não por sua lógica constituinte nem por sua matriz, que, a princípio, é a mesma, mas pelos elementos sempre diferentes que vêm preencher os dois lugares de S_1 e S_2. A matriz S_1/S_2, invariável em sua articulação, repete-se numa sequência de recortes diacrônicos, cada um dos quais é uma realidade definida e precisa. De tal modo que, a cada acontecimento significante, ocorre uma castração. A realidade é radicalmente uma realidade de acontecimento; ela só se realiza e se atualiza no tempo do acontecimento – seja o de uma conversão histérica, de uma fantasia ou de uma obsessão –, isto é, no tempo do retorno homogêneo do recalcado. Cada vez que o psicanalista está diante de um sintoma, é com uma castração local que ele está sendo efetivamente confrontado. Seria um profundo contrassenso crer que a realidade da castração é única, dada de uma só vez e abarcando uma vida inteira. A experiência da análise nos mostra o inverso; essa realidade intolerável é, na verdade, uma pluralidade de realidades subsequentes e, às vezes, coexistentes, cada qual só existindo no momento do acontecimento, nem antes nem depois. Em suma, a castração nunca é única, ela é de acontecimento, local e múltipla. *Não existe a castração e sim castrações.*

Por vezes, contudo, determinada realidade local, em determinado momento preciso, não responde à lógica constituinte de todas as outras. Ela continua se realizando e se atualizando no tempo do acontecimento, mas nessa ocasião não diremos que se trata de um acontecimento significante que faz as vezes da castração. Agora, o acontecimento é o da foraclusão, e a realidade que se forma, diferente das outras, é uma realidade produzida por foraclusão.* No momento do retorno heterogêneo do foracluído, a realidade ganha uma consistência completamente diferente da consistência significante e o objeto da castração se vê profundamente transformado. Analisaremos mais adiante, a propósito da alucinação, de que consistência e de que objeto se trata. O que queremos salientar aqui, sobretudo, é que, por mais heterogênea que seja, a realidade produzida por foraclusão coexiste com o resto das outras realidades. Diferente das outras, portanto, mas não incompatível com elas. Então, quando qualificamos a foraclusão de local, procuramos preservar este fato: o mecanismo do distúrbio se situa exclusivamente no plano local de uma realidade muito precisa. Essa realidade, constituída por foraclusão, sucede ou coexiste, portanto, com outras que não o são; as realidades produzidas por foraclusão coexistem com as realidades produzidas por recalcamento.

Nada impede que, logo após o surgimento de uma alucinação, se instale um sintoma neurótico e vice-versa. É isso precisamente que Freud diz: "As três formas de defesa e, por conseguinte, as três formas de doença a que essas defesas levam, podem estar reunidas numa mesma pessoa." E ainda: "Não é raro que uma psicose de defesa venha episodicamente interromper o curso de uma neurose."[9]

É espantoso que essa constatação clínica, banal no fim das contas, frequentemente assinalada por Freud e corroborada incessantemente em nossa prática, ainda não tenha conseguido extirpar definitivamente o erro de generalizar um episódio psicótico para o conjunto das realidades do sujeito. Um paciente alucina ou delira e,

---

* O que denominamos aqui de realidade produzida por foraclusão corresponde exatamente ao que denominamos, no capítulo anterior, de formação de *a* produzida por foraclusão.

irremediavelmente, sem qualquer discriminação, é qualificado de psicótico; como se fosse um tique mental do clínico, determinado pela imensa importância dada à psicose. Importância enceguecedora que não nos deixa matizar nem pensar uma compatibilidade de acontecimento, em uma mesma pessoa, de realidades mistas, produzidas por recalcamento e por foraclusão. Apesar de alguns textos freudianos e lacanianos apontarem nessa direção, carecemos de uma teoria da localidade dos distúrbios e da pluralidade das realidades que tenha "pego" em nossa comunidade psicanalítica. Não é que esteja ausente, prova disso é que estamos tentando propô-la; mas essa teoria da localidade não transpôs o limiar que transforma um conceito teórico no que eu chamaria de automatismo conceitual fecundo.* E não o fará enquanto outro automatismo conceitual, infecundo dessa vez, prevalecer entre os psicanalistas, aquele que consiste em apreender a castração como única e, consequentemente, prejulgar que sua foraclusão determinaria a desarticulação, não de uma realidade, insisto, mas de todas as realidades do sujeito.

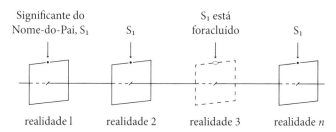

FIGURA 3. Coexistência das realidades produzidas por recalcamento (realidade 1, realidade 2, realidade *n*) com uma realidade produzida por foraclusão (realidade 3). O eu é o conjunto de todas essas realidades.

---

* Não basta uma boa teoria para pensar e enfrentar o fato da psicose, ainda é preciso que o psicanalista dela se aproprie e que ela adote a forma de um *automatismo conceitual fecundo*.

O mecanismo da foraclusão, o estatuto do foracluído e o chamado

Nosso problema agora é o seguinte: em que consiste o acidente que produziu uma realidade foraclusiva ao invés de produzir uma realidade recalcante? Como, à luz do que expusemos, conceber o mecanismo da foraclusão?

Agora está claro que, graças à teoria do par significante, o distúrbio da consistência de uma realidade local pode ser entendido não pela expulsão de um elemento da rede, mas pelo emperramento do funcionamento da máquina simbólica. Explico. *A foraclusão não é uma rejeição, mas a abolição de uma passagem que deveria ter ocorrido. Que passagem? A passagem de um significante do conjunto (S_2) para o lugar (S_1) em que estava sendo esperado.* O elemento simbólico, S_1, que deveria ter *ex-sistido* e fazer consistir a rede, S_2, ou seja, que deveria ter ido para o lugar exterior do sucessor e da *ex-sistência*, não foi. Nenhuma borda reúne, nenhum traço distingue, nenhum nome nomeia, como se faltasse o registro de nascimento da organização simbólica. Que registro é este senão a inscrição na mente de tudo o que é percebido? A foraclusão é, portanto, a ausência dessa inscrição. A foraclusão não é nem uma rejeição nem uma expulsão, mas um acidente de percurso, a detenção de um movimento, a interrupção de um processo; de modo que o qualificativo "foracluído" não pode ser aplicado a um elemento definido. A operação foraclusiva não age sobre um elemento, mas mata ainda em germe um movimento esperado. Assim, o foracluído é mais um não acontecido do que algo rejeitado; e a foraclusão, mais uma impotência de existir simbolicamente do que uma rejeição.

Chegaremos à mesma tese se retomarmos o *leitmotiv* que define o significante. Na formulação "o significante representa o sujeito *para* um outro significante" reconhecemos que o termo sobre o qual incidiria a foraclusão não é um significante ou outro, mas o "para" que os une. A relação entre significantes se resume inteiramente na palavra *para*, e é inteiramente em torno dela que a foraclusão se dá. A foraclusão é um ataque ao vínculo, uma abolição da palavra *para*.

Essa mudança de ênfase em favor da ideia do não acontecido, no lugar da ideia de rejeição, está presente em Freud e Lacan. Mas apenas pontualmente, pois as formulações deles a respeito da foraclusão variam muito. Freud, por exemplo, emprega várias vezes a expressão "não acontecido", mas sempre de forma contida, protegida pelo "*como se*": "A representação é tratada *como se* não tivesse acontecido"; "*como se* nunca tivesse ocorrido."[10] Existe, contudo, um texto em que, sem empregar essa expressão, nem sua proteção, ele rompe as amarras, propõe abandonar a hipótese da expulsão e sustenta a da abolição no interior: "Não foi correto dizer que a sensação interiormente suprimida é projetada para fora; devemos antes dizer que o abolido interiormente retorna a partir de fora."[11] Parafraseando na terminologia de nossas proposições: não foi correto dizer que o significante interiormente recalcado é rejeitado para fora; devemos antes dizer que o abolido interiormente, o que não chegou a ex-sistir, o que não veio ocupar a posição de sucessor retorna a partir de fora na forma de uma sensação mórbida.

Estamos entendidos, não é uma rejeição e sim uma abolição. Contudo, ainda resta a questão: a abolição recai sobre o quê? O que é abolido? Não é a sensação, que sofre o recalcamento; ela é suprimida e não abolida. Tampouco é a percepção recalcada de que Freud fala algumas páginas antes da frase que acabamos de citar. Não, o que é abolido não é uma coisa, mas sim um processo: o próprio processo de recalcamento. Em outras palavras, o que foi anulado interiormente foi o processo de deslocamento e de substituição de uma representação por outra. Logo, o foracluído não é um elemento nem uma coisa, mas o movimento centrífugo que põe continuamente um significante na periferia da constelação significante.

Também em Lacan, as abordagens variam e há mudanças de ênfase, mas de maneira diferente da de Freud. Se este corrige a ideia de rejeição e conclui pela da abolição, Lacan procede de outra forma: ele inaugura (1954) o conceito de foraclusão como o processo de um *não vir* à luz do simbólico da afirmação primordial,[12] mas, progressivamente, é a ideia de rejeição que, já presente nesses primeiros textos, passa a prevalecer e se impõe na comunidade analítica na forma do famoso aforismo: na foraclusão "o que é rejeitado do simbólico reaparece no real". O surgimento na obra lacaniana desse outro conceito, irmão da foraclusão, o do significante do Nome-do-Pai, virá assentar ainda mais essa perspectiva. Enquanto não havia um elemento preciso sobre o qual a foraclusão operava, ela podia facilmente ser entendida como a abolição de um movimento antes mesmo de ele ser desencadeado. Pois, como o juízo de afirmação primordial é, na verdade, apenas uma precondição da existência, sua foraclusão equivaleria à retirada pura e simples de uma premissa. Mas, a partir do momento em que o Nome-do-Pai é posto como algo preciso e aparentemente situável, definido como *o* significante do qual depende a consistência da rede simbólica, segue-se naturalmente que sua rejeição ou expulsão provocarão a inconsistência. É certamente a ideia de ser que leva à ideia de rejeição. Esqueçam o ser e pensem em termos de função, de detenção de uma função e vocês serão levados, então, a conceber o motor dessa detenção como uma falha ou uma abolição e não uma rejeição ou uma expulsão.

É exatamente essa acomodação que tem de ser aplicada ao Nome-do-Pai: não é um ser, mas uma função. Uma função na qual devemos distinguir dois aspectos: o movimento de substituição denominado por Lacan "metáfora paterna" e que fazemos corresponder ao movimento centrífugo e, em seguida, o lugar no qual irá aparecer qualquer significante, produto da substituição. É este "qualquer significante" que levará o qualificativo de significante do Nome-do-Pai. Sempre que o psicanalista cometer o equívoco de considerar esse significante único e imutável, continuará procurando-o na neurose e acreditando que sua rejeição provoca a psicose.

Estamos aqui diante de dificuldades parecidas com as encontradas a respeito da presunção de uma realidade global da castração. É no plural que se deve escrever a expressão "Nomes-do-Pai", pois esses nomes são tão múltiplos, locais e de acontecimentos quanto as castrações. O problema se resume em distinguir o lugar único do Nome-do-Pai dos significantes diversos e daqueles que podem, alternadamente, ocupá-lo, e sobretudo em entender bem que cada ocupação equivale à constituição de uma realidade local. Existem tantas realidades quanto existem Nomes-do-Pai dos quais dependem suas respectivas consistências ou, o que dá no mesmo, existem tantos Nomes-do-Pai quanto existem significantes que vêm se suceder nesse lugar. Um sintoma, uma mulher como sintoma, uma voz no rádio, a marca de um produto ou, ainda, determinada posição que o psicanalista adota durante o tratamento, todos são, em sua diversidade, exemplos de significantes do Nome-do-Pai, cada qual garantindo que determinada realidade local e precisa conserve a estabilidade de sua trama.

Assim sendo, quando empregamos a expressão "foraclusão do significante do Nome-do-Pai", que queremos dizer? Não que *o* presumido significante foi rejeitado, mas que um significante qualquer não veio em um momento preciso ocupar a posição do sucessor.

Ora, qual é esse momento preciso? É o momento do chamado. Se a foraclusão é a não vinda de um significante ao lugar exterior do sucessor, ela não se verifica enquanto não houver um chamado. Pois esse significante qualquer que não vem ocupar sua posição de

Nome-do-Pai é um significante chamado; chamam-no e ele não vem. Chamado por quem? Chamado pelo Outro, ou seja, por uma pessoa indeterminada que lança um chamado a um sujeito que não responde. *A foraclusão é uma não resposta ao chamado do Outro*. Para que um episódio foraclusivo seja desencadeado num sujeito, este tem de estar num vínculo transferencial com uma pessoa que profere uma palavra ou esboça um gesto que produz chamado. Chamado a desencadear a instalação de um significante no lugar exterior dito significante do Nome-do-Pai.[13] Lembremos que uma das crises psicóticas de Schreber foi provocada precisamente pelo chamado que seu médico, Flechsig, representava. É justamente porque, na mente de Schreber, Flechsig é um significante (significante-chamado) que exige uma resposta que o delírio se desencadeia. No lugar de uma resposta que Schreber não pode dar, explode o delírio.[14] Isso levanta o delicado problema dos eventuais desencadeamentos de episódios foraclusivos em pacientes em análise em consequência de um chamado do psicanalista sob a modalidade de uma intervenção. É isso precisamente o que Freud relata em "Construções em análise"[15]: a comunicação ao paciente de certas significações de seus atos ou de suas palavras pode suscitar não associações e lembranças, mas alucinações.

Mas retomemos nossa interrogação. O que é foracluído? Não, insisto, *o* significante do Nome-do-Pai, que, na verdade, não existe, já que é um lugar, nem mesmo o significante pertencente a S_2, que não vem ali onde é esperado, mas sim o movimento que devia instalá-lo ali. *É o movimento que é foracluído e não o elemento veiculado pelo movimento, é a função e não o ser.*[16]

Resumindo. Apesar da diversidade de sua acepção, o conceito de foraclusão se apresenta assim:

1. A foraclusão se limita estritamente a uma realidade local, entre outras. Determinada realidade, constituída pelo acontecimento foraclusivo, não será incompatível com determinada outra rea-

lidade de consistência significante. Elas não são incompatíveis, nem em uma sucessão temporal nem em uma coexistência virtual. Concluímos, pois, pela localidade da operação foraclusiva, porque a realidade sobre a qual essa operação incide é, ela mesma, uma realidade local.
2. Em resposta a um chamado circunstancial, a foraclusão se verifica como sendo a abolição de uma função denominada recalcamento freudiano, metáfora lacaniana ou movimento centrífugo, e não como sendo a rejeição de um elemento.

Efeitos da foraclusão:
uma consistência maciça ou fragmentária

Examinemos agora a outra face do problema da foraclusão. Depois de aceito o sentido do mecanismo da abolição, surge todo tipo de questão. Que acontece com os significantes quando o "*para*", que liga o S_1 ao S_2, é foracluído? Que acontece com a sua lógica por ocasião de uma alucinação, por exemplo? Devemos nos satisfazer com deduzir que já não há lógica, que a rede dos significantes simplesmente se desarticulou, ou caberia, antes, reconhecer uma nova disposição, específica, da operação foraclusiva? E, nesse caso, como ler a conclusão em que desemboca o aforismo sobre a foraclusão "o que foi abolido interiormente, *retorna de fora*" ou "*reaparece no real*"? O que é esse "fora" ou esse real? Como entender que a alucinação seja a emergência no real de um significante dito rejeitado? São perguntas que não exigem propriamente uma solução definitiva, mas indicam um caminho, uma abordagem possível do problema: como, a partir da foraclusão, se constitui uma formação psíquica?

Se a foraclusão é, numa realidade local, a abolição do movimento centrífugo que remete incessantemente um significante para a periferia, disso resulta – para essa realidade exclusivamente – a detenção do deslocamento e da condensação pontual entre significantes. E, correlativamente, o apagamento da diferença entre o conjunto e seu limite, entre S_1 e S_2. Ora, se essa diferença desaparece, todo o encadeamento significante se desfaz. Como imaginar, então, o estado da rede submetida a essas novas condições?

Lacan levanta esse problema em seu comentário sobre o caso do presidente Schreber. Tentando caracterizar a estrutura do estado terminal de uma psicose, ele fala, sem maiores precisões, de remanejamentos excêntricos do simbólico, ou de uma cascata de remanejamentos significantes,[17] que estariam na sua origem. Mas é em outra parte, num outro texto,[18] que encontramos uma referência mais detalhada sobre a natureza dessas modificações. Para dar conta de uma série de casos diversos (o fenômeno psicossomático, a criança com retardo mental e a crença psicótica), Lacan propõe o modelo de um remanejamento que poderíamos situar no âmago do par significante. O intervalo entre os dois membros, S_1 e S_2, é suprimido e o par, despojado de sua articulação, se solidifica em uma espécie de compactação.

O que será que quer dizer que os significantes se compactam? Apesar da distância entre o conceito lacaniano de significante e o conceito freudiano de representação, por que não aplicar aqui o ponto de vista dinâmico da metapsicologia e explicar a solidificação por um excesso dessa força de atração centrípeta que Freud chama de contrainvestimento? Por causa da foraclusão e na ausência do movimento centrífugo que sustenta as articulações do sistema, os significantes parecem agora obrigados a se atrair mutuamente, a se interpenetrarem e a se condensarem indistintamente numa massa compacta. Como o patinador que, girando cada vez mais rápido sobre si mesmo, baixa os braços para acelerar ainda mais o movimento, progressivamente os contornos se diluem e a silhueta se contrai num corpo difuso. Uma força idêntica parece se exercer sobre o conjunto significante, constrangendo-o a se recolher em si mesmo e tornar-se, assim, um elemento compacto. Tudo ocorre como se, na foraclusão, os significantes, apanhados num turbilhão, perdessem sua individualidade e, comprimindo-se e se confundindo entre si, suas articulações acabassem congelando.[19] Em suma, como se, perdendo suas diferenças, os próprios significantes perdessem sua individualidade.

Ora, aceito esse modelo, resta saber se o remanejamento dos significantes não se apresenta segundo a predominância de um ou outro membro do par S_1/S_2. Se forem os significantes pertencentes a S_2 que se reduzem e se contraem numa unidade, eles adotarão a forma de uma massa única: nesse caso, predomina S_1. Mas se, ao contrário, for o significante S_1 que explode em tantos fragmentos quantos forem os elementos que S_2 contém, então o remanejamento se apresentará como uma multidão de fragmentos dispersos. Na foraclusão, o par significante parece sucumbir a uma polarização de S_2 em S_1, na hipótese da unicidade em massa, ou de S_1 em S_2, na hipótese da dispersão dos fragmentos. O Um que reabsorve o múltiplo ou o múltiplo que reabsorve o Um.

Teríamos, pois, dois cenários possíveis para dar conta dos remanejamentos significantes numa realidade formada por foraclusão. O primeiro, em que predomina a dispersão produzida pela soltura de cada elemento de seu ligamento à cadeia; o segundo, em que predomina a solidificação de todos os significantes. O primeiro, que chamaremos de *cenário da fragmentação*, encontra uma confirmação impressionante na clínica das identificações plurais do eu paranoico com diferentes pessoas estranhas[20] e um suporte rigoroso na formalização fornecida pela cadeia borromeana, cujos elos se soltam e se dispersam se um deles é cortado.[21] Quanto ao segundo *cenário da compactação*, nós o veremos em ação no exemplo da alucinação, de que trataremos no próximo capítulo.

Cabe escolher entre essas duas hipóteses? Não creio. É provável que ambas entrem em jogo e é necessário que ambas nos levem ao mesmo resultado: por fragmentação ou por concentração em uma massa única, os significantes deixam de ser significantes para se tornarem um corpo compacto, seja em um único exemplar, seja em uma multidão de pequenos corpos dispersos.

O que quer dizer "... reaparece no real"?

Com essas hipóteses, depreende-se uma certeza: a partir do momento em que os significantes já não estão combinados entre si, eles deixam de ser significantes; o ordenamento em rede é sua mais estrita condição de serem o que são: seres formais. Rompam o ordenamento em rede e derroguem as leis que a regem e vocês já não estarão diante de significantes, mas sim diante de uma coisa completamente diferente, heterogênea ao significante. Quer se trate de um corpo compacto ou de vários elementos dispersos, não podemos, sob pena de confundir tudo, vincular a eles a palavra "significante". Não temos a permissão de dizer – como fizemos até agora – "significantes solidificados" ou "significantes dispersos". Se estão dispersos ou solidificados, já não são significantes, são uma coisa completamente diferente na qual se transformaram com a foraclusão. Ao mudar de consistência, eles mudam de estado. Qual é seu novo estado? O real? Podemos dizer que os fragmentos esparsos ou a massa compacta a que eles se reduziram é algo do real? Não. Uma resposta tão incerta não nos faria avançar. Como o real é o lugar do mais além impossível ou inatingível, cairíamos numa tautologia bastante pobre: se os significantes já não pertencem a este mundo, então estão alhures, no mais além. Quando o *leitmotiv* sobre a foraclusão conclui genericamente: "... reaparece no real", ele cai na mesma indeterminação que estamos recusando. Se nos ativermos à fórmula sem maiores precisões, corremos o risco de incorrer no contrassenso bastante disseminado de acreditar que o real seria como que um espaço pré-formado à espera de receber os significantes rejeitados.[22]

Durante muito tempo nos perguntamos como um significante dito rejeitado podia reaparecer no real sem ter sofrido uma mutação e sem que, num mesmo movimento, o real também se transformasse. Com efeito, basta o real ser acoplado, mordido ou tocado pelo acontecimento para que mude. Exclusivamente nesse ponto em que é atingido, e apenas aí, o real se modifica, se organiza e adota a estrutura inédita de uma nova realidade. De uma realidade que diremos produzida por recalcamento se o acontecimento produzido for uma formação do inconsciente, e produzida por foraclusão se o acontecimento produzido for uma formação do objeto *a*. Mas, em qualquer uma dessas realidades, trata-se, lembremos, de *uma* realidade entre uma infinidade de outras, coexistentes ou sucessivas, reduzida local e temporalmente ao acontecimento. O real se torna realidade somente quando o acontecimento ocorre. Por conseguinte, digamos claramente, a partir do instante em que o elemento foracluído reaparece no real, já não se trata de real, mas de realidade.

Como entender, então, as palavras "… reaparece no real"? A resposta que hoje damos é nítida, embora provisória; ela comporta três aspectos. Em primeiro lugar, o abandono da ideia de rejeição. Em seguida, a conjetura de que os significantes se transformam por foraclusão em uma multidão de fragmentos esparsos ou se condensam em massa. Por fim, que esses fragmentos ou essa massa não são simplesmente algo real, mas os constituintes de uma realidade nova, sempre local, que dura apenas o tempo de uma voz alucinada ou da eclosão de uma lesão psicossomática da pele.

Isso posto, ainda não abordamos o principal fato a que se subordina uma realidade, seja ela produzida por foraclusão ou por recalcamento, a saber, o fato de gozar. O que é esse gozar e como entender as relações entre o gozo e a foraclusão? É o que ainda temos de determinar.

4. Objeto *a* e foraclusão

O exemplo da alucinação

Perceber o objeto *a*:
a diferença entre a fantasia e a alucinação

A foraclusão é uma operação positiva e não negativa

A formação de *a* produzida por foraclusão:
a foraclusão do Nome-do-Pai torna o objeto *a* perceptível

> "Afinal, é difícil dizer que não podemos fazer nada girar em torno desse pivô do objeto a quando se trata de psicose."
> J. Lacan

O exemplo da alucinação

A questão da realidade produzida por foraclusão pode ser formulada de um ponto de vista totalmente diferente. Até agora nos situamos do ponto de vista dos significantes; só consideramos a foraclusão como a ruptura das leis de um sistema e a transformação de seus elementos. Deve, sem dúvida, surpreender muitos leitores ver que trabalhamos o tempo todo quase exclusivamente no plano formal. No entanto, não há por que se espantar, pois, por definição, a foraclusão é, antes de mais nada, a história, ou melhor, o drama dos seres formais. Quer se chamem representações freudianas, quer significantes lacanianos, a foraclusão é o nome da detenção da "vida" deles e de sua mudança de natureza.

Poderíamos, ao contrário, nos situar agora do ponto de vista do psicanalista diante do fato clínico que ele supõe ter sido provocado pela foraclusão e nos perguntarmos, então, se há alguma relação entre o que ele observa ou, melhor dizendo, entre o que ele lê no que observa e a conjetura que acabamos de estabelecer de uma consistência fragmentária ou maciça da realidade produzida por foraclusão.

Tomemos o exemplo da alucinação e destaquemos sua característica mais chamativa: a total assimilação do sujeito ao objeto.

Contudo, essa característica é também a característica de outras realidades, indistintamente produzidas por foraclusão ou por recalcamento, que denominamos de formações do objeto *a* em razão, justamente, do lugar predominante que esse objeto tem. Assim, ao falar da alucinação que escolhemos como protótipo de uma realidade criada por foraclusão, falaremos também da fantasia, protótipo de outra realidade muito diferente, produzida por recalcamento, embora nela o sujeito também esteja assimilado ao objeto. Falaremos, portanto, das duas, mas somente até certo ponto, aquele em que alucinação e fantasia se distinguem claramente, que é o que realmente nos importa.

Alucinar é, em primeiro lugar, um fato de satisfação. Na palavra "fato", à qual tornaremos com frequência, está contida a ideia de uma satisfação reduzida aos limites de um fato: sem medida comum com as coisas consumadas (a satisfação é tanto satisfação quanto insatisfação); e sem medida comum com o tempo (a satisfação é atemporal). Mas a expressão "fato" pretende afirmar sobretudo que essa satisfação, longe de ser uma emoção, um afeto ou um prazer vivenciado, se reduz localmente a um acontecimento inconsciente, o de um sujeito tornando-se objeto. O fato da satisfação é o de um tornar-se. De um tornar-se que só oferece signos muito indiretos de sua efetuação, signos não tangíveis que se furtam à observação do psicanalista.

Essa satisfação/insatisfação, atemporal, localizada em um processo de identificação e que permanece inconsciente, a psicanálise chama de gozo, ou, mais exatamente e a fim de sublinhar claramente que ela é sobretudo atividade e verbo, chama de o gozar, o fato de gozar.[1]

Gozar, portanto, não é de forma nenhuma sentir, e menos ainda sentir prazer. Gozar não é sentir, se sentir for consciência e reconhecimento de nossas sensações. É, antes, se consumir, se esgotar na provação que é, para um sujeito, tornar-se objeto. Assim, quando o psicanalista, ante o fato clínico de uma alucinação, chega à conclusão de que seu paciente está gozando, é preciso saber que o gozar em questão é o fato inconsciente de uma transformação e não uma sensação vivida passivamente pelo alucinado. Em suma, o alucinado não está diante do objeto, ele se torna o objeto, e ao se tornar objeto, ele goza. Goza de ser. Goza de existir no imenso sofrimento que significa o fato de alucinar. Quando um alucinado alucina, ele goza porque, ao se identificar com o objeto, ele esgota toda a sua energia e sofre de modo atroz por estar ausente de sua cabeça, alheio a si mesmo.

Mas que objeto da alucinação é esse com o qual o sujeito se identifica? Topamos aqui com uma dificuldade da qual teremos de nos livrar se quisermos extrair claramente a relação da alucinação com a foraclusão. Formulemos essa dificuldade assim: será que o objeto da alucinação é a coisa dita alucinada, que o sujeito alucinado percebe até vir a se transformar nela, por exemplo, na voz acusadora? Ser a voz? Ou então, será que o objeto é o próprio acontecimento da alucinação? É um e outro, desde que se tire o máximo proveito de uma distinção proposta por Lacan e pouco retomada nos escritos psicanalíticos: uma coisa é o objeto *a*; outra, as espécies em que o objeto se encarna – seio, voz, olhar etc. Uma coisa é o objeto *a* enquanto fato de gozar, outra, a espécie enquanto apresentação desse gozar. De forma genérica, o objeto *a* designa, portanto, tanto o próprio acontecimento da alucinação, ou seja, o fato da identificação sujeito-objeto, quanto a espécie com que o sujeito se identifica.

Assim sendo, quando afirmamos que o sujeito se torna o objeto da alucinação, é preciso conceber dois graus nesse tornar-se. Primeiramente, o sujeito se torna a espécie do objeto: o alucinado *é* a voz que ouve ou o olhar que o abarca ou a sensibilidade que sente. Num segundo grau, o sujeito se torna o fato de gozar em sua globalidade. *O sujeito da alucinação não é outro senão o fato compacto de gozar.* De tal modo que, na prática, para a psicanálise, por ocasião de uma alucinação não há alucinado, há unicamente um gozo brotando intempestivo, imprimindo à realidade o caráter compacto de um acontecimento brutal.

Portanto, o que a psicanálise descobre é um gozar muito especial, um gozar que, longe de qualquer consciência e sensação, pode ser sintetizado assim:

1. O sujeito se identifica com a espécie que surge na alucinação, voz, olhar etc. Ser a voz é gozar, e nesse gozar o sujeito desaparece. Sou ao mesmo tempo a voz e o gozar de ser a voz.
2. Por isso, não diremos que alguém goza alucinando, mas que é o gozar da experiência alucinatória. A alucinação é um fato de gozo desde que se entenda, primeiro, que este não é uma satisfação ou uma insatisfação sentida por alguém, e, segundo, que mesmo inconsciente o gozo não pertence à ordem do ter e sim à ordem do ser: o sujeito não tem um gozo, ele é um gozo. E, sendo-o, desaparece.

Perceber o objeto *a*:
a diferença entre a fantasia e a alucinação

Eis uma objeção possível: por que, dirão, caracterizar o acontecimento alucinatório pela assimilação sujeito-objeto *a*, quando isso também é próprio de outras formações psíquicas, tal como a fantasia, que, contudo, não é suspeita de ter uma origem foraclusiva? Como, com referência ao gozo, distinguir uma realidade criada por foraclusão de outra criada por recalcamento? Com efeito, produzidas por foraclusão ou não, todas as realidades são dominadas pelo fato de gozar; todas se ordenam, sempre e essencialmente, em torno da identificação do sujeito com o gozar.

Mas, afora a diferença que já conhecemos, relativa à sua consistência (consistência significante da realidade criada por recalcamento; consistência fragmentária/maciça da realidade criada por foraclusão), essas realidades se separam radicalmente em um ponto. Na realidade produzida por foraclusão, o sujeito não só é assimilado ao objeto *a*, como, paradoxalmente, apesar de apagado, é também capaz de perceber o objeto. Ele percebe o objeto. Em uma alucinação, em uma passagem ao ato ou em uma lesão dita psicossomática, o sujeito capta o que não captamos nem observamos quase nunca: ele capta o gozar. E, no limite, capta o que gozar quer dizer: ele capta seu próprio tornar-se voz alucinada, lesão ou ato impulsivo. Na tentativa de precisar essa torção paradoxal que me faz perceber o objeto em que me transformo, propusemos anteriormente a expressão *percepção do objeto*: o sujeito *percebe* o seu gozar inconsciente.[2]

A fantasia, paradigma das formações produzidas por recalcamento, é muito diferente da alucinação. Elas certamente têm em comum a identificação do sujeito com o objeto *a*, pois o sujeito, ator da fantasia, que é toda ela uma disposição cênica – cores, luz, gestos, palavras –, é também o objeto, ou seja, a ação, o gozo. Mas a fantasia, diferentemente da alucinação, não comporta essa possibilidade de perceber diretamente o gozo. O gozar é justamente a força que sustenta a realidade fantasística, seu material e seu tecido; no entanto, não é ele que é percebido, sentido ou escutado.

Há uma razão que explica por que o gozar não é perceptível na fantasia. As imagens que recobrem o gozar, isto é, o objeto *a*, são humanas e egoicas demais e respeitam de modo excessivamente perfeito a consistência regrada dos significantes. As imagens se enlaçam e adotam a maneira que os significantes têm de enquadrar o lugar como cena da fantasia, de escandir o tempo em entreatos da trama e de marcar, por fim, as posições dos personagens da história. Os significantes comandam a lógica do imaginário e, ao fazê-lo, definem o quadro do fato dominante do gozar; eles aparelham o gozo.

Na célebre fantasia "uma criança é espancada", o gozar é decerto a força e a causa, mas uma causa mascarada por miragens humanizadas (pai, mãe, crianças etc.) e submetida à gramática das frases em suas sucessivas sintaxes. O paciente fala de castigo e o psicanalista reconstrói a sequência fantasística, mas a dor do castigo, propriamente, não está ali. As imagens egoicas, o sentido e a gramática enterraram a dor. Dirão que a dor está lá; sim, ela está lá, com efeito, mas figurada, encenada ou indiretamente representada. A dor em uma fantasia não é absolutamente visível, audível ou sensível, ao passo que a dor alucinada é um dilaceramento insuportável.

Aqui, ergue-se diante de nós um obstáculo inevitável. Começamos dizendo que alucinar é gozar, em seguida que o sujeito alucinado constitui esse próprio gozar e, finalmente, para especificar a alucinação, acabamos de afirmar que o sujeito alucinado percebe o gozar. Ora, não deixamos de notar que entre essas duas últimas afirmações instala-se uma contradição embaraçosa. Apesar de termos dito e repetido que o sujeito da alucinação se confunde tão claramente com o fato de gozar que acaba desaparecendo, agora voltamos a instaurar o sujeito e declaramos que ele percebe o gozar. Como é que podemos sustentar que o gozar pode ser percebido se não há sujeito para perceber? Quem percebe o gozar? A menos que perguntemos: qual é a *coisa* e não o sujeito que percebe o gozar?

Em um ensaio essencial, Freud topa exatamente com o mesmo problema e enfrenta uma dificuldade semelhante para resolvê-lo. Não há texto melhor que "Um suplemento metapsicológico à teoria dos sonhos"[3] para mostrar a complexidade do fenômeno alucinatório e o extraordinário esforço de Freud para ampliar os limites de sua teoria até poder explicar o que é uma alucinação. Ora, precisamente, uma das dificuldades com que depara concerne ao problema do sujeito da experiência alucinatória. Tratar desse problema na perspectiva aberta por Freud nesse artigo da

Metapsicologia significa tratar e examinar outro conceito, o do exame da realidade.

O ato de percepção é regido por um dispositivo combinado de juízo e de ação muscular que figura perfeitamente a instância do eu-consciência, a saber, o exame da realidade. Com efeito, o juízo e o deslocamento motor funcionam como a alfândega da fronteira dentro/fora e regulam toda entrada perceptiva; toda, exceto a da alucinação. Então, surge imediatamente a questão: como podemos perceber se o exame da realidade está abolido, ou seja, se o eu está ausente (durante o sono, por exemplo) ou se está destruído (na confusão alucinatória, por exemplo)? E Freud vai ainda mais longe: ao invés de indagar como é possível realizar um ato de percepção sem estar consciente, ele tenta explicar como, na alucinação, o objeto inconsciente – o que ele chama de imagens mnêmicas sensoriais inconscientes – é diretamente percebido; nos nossos termos, como o gozar inconsciente é diretamente percebido.

Freud não resolve essas dificuldades. Postergando seu exame para o momento em que disponha de um melhor conhecimento do sistema consciente do aparelho psíquico, propõe uma solução, ela mesma contraditória. Duas hipóteses relativamente opostas explicariam como a percepção alucinada chega a se livrar do exame da consciência: por meio de um desinvestimento do sistema consciente, como aquele que ocorre naturalmente durante o sono;[4] ou, ao contrário, por meio de um investimento do sistema consciente proveniente não de fora, mas de dentro do corpo, ou seja, das pulsões.[5] Assim, por uma razão ou outra, ou pelas duas, a alucinação é possível, porque, estando abolido o exame da realidade, o sujeito consegue perceber as próprias imagens mnêmicas sensoriais inconscientes.

Mas, para além dessas soluções, insatisfatórias, admite Freud, o valor fundamental que esse texto tem para nós não é ter resolvido o problema, mas sim tê-lo encontrado e formulado. O que nos importa é constatar que Freud não renuncia a conceber que possa existir uma percepção inconsciente de um percebido igualmente inconsciente. Mais ainda, ele dá a entender que pode existir uma percepção e um percebido fora do sistema, seja ele um sistema consciente, inconsciente ou pré-consciente.

Por conseguinte, quando falamos de um alucinado que percebe o gozar, quando escrevemos "ele alucina", "ele é capaz..." etc., deve-se fazer o esforço de imaginar não um sujeito aprisionado por uma falsa percepção cuja existência para ele é certa; mas imaginar coisas percebendo coisas. Uma percepção fora do sistema percebendo um percebido fora do sistema, superfícies atópicas percebendo gozos inconscientes. Ou então olhos destacados do rosto, percebendo olhares sem rosto, orelhas destacadas da cabeça percebendo vozes sem boca. E, ainda, imbricações perceptivas bizarras em que um olho capta a dor e uma boca capta o olhar.*

Esses mistos perceptivos, fora do sistema, manifestam-se clinicamente como fatos isolados de gozo. Quer se apresentem sob uma forma dispersa, quer apareçam em uma única imbricação à maneira de um fato maciço, serão sempre fatos isolados e compactos. Essas vozes acusadoras ou escarnecedoras, essa dor que invade um membro inexistente (síndrome do membro fantasma), não fazem parte de nenhuma história e não se integram a nenhum contexto espacialmente definido. O gozar está ali, isolado, bastando-se a si mesmo e ocupando toda a formação de *a* produzida por foraclusão. Tudo é então gozar, nada além de gozar perceptível.

Perguntávamos: quem percebe o gozar? Agora sabemos: ninguém. Ninguém percebe o gozar e, no entanto, a alucinação

---

* A releitura dessas últimas frases me evoca estas, de Empédocles: "Como as faces sem nuca, numerosas, germinavam subitamente/ Os braços, sem armas, pendiam, viúvos de espáduas/ Os olhos vagavam, solitários, à procura das frontes" (Jean Bollack, "Membres errants", in *Empédocle*, Paris, Minuit, 1969, p.176).

consiste em um gozar perceptível. Ninguém, porque o sujeito se dissolveu e se perdeu em cada uma e em todas as imbricações perceptivas; o sujeito *é* essas imbricações.

Chegamos assim à conclusão geral de agora há pouco – o sujeito da alucinação constitui o fato compacto do gozar –, mas restringindo-a ainda mais. Já a tínhamos reajustado uma vez, quando, a respeito do objeto *a*, escalonaram-se dois graus no tornar-se gozo do sujeito: o sujeito se torna a espécie mediante a qual o objeto se particulariza e o sujeito como um todo se torna o fato de gozar. Agora, com mais precisão, diremos que o sujeito se identifica com o misto perceptivo. Ora superfície perceptiva, ora gozar perceptível, ora seu par imbricado, o sujeito da alucinação é tudo isso; tanto é tudo isso que está em todo lugar e em nenhum lugar. Como se pudéssemos escolher entre deixar de falar de sujeito já que ele é apenas gozar e, inversamente, persistir em empregar o pronome "ele" como meio de acomodar a teoria à aparência última que a clínica nos oferece: só há alucinação em alguém. Tudo ocorre como se, à medida que progredimos no trabalho de apreender o gozar, a clínica nos obrigasse a chamar de "sujeito" cada um dos sucessivos passos.

A foraclusão é uma operação positiva e não negativa

Dissemos que o gozar predomina em todas as realidades psíquicas, sejam elas produzidas por foraclusão ou por recalcamento. Agora, e à luz do texto de Freud, mudamos de nível e descobrimos que a originalidade da alucinação, da passagem ao ato ou da lesão psicossomática consiste em um gozar perceptível, isto é, que a espécie mediante a qual o gozar se apresenta é detectável e se oferece na compacidade de um fato.

Portanto, se o psicanalista, diante de um paciente que alucina, ou escutando o relato de uma alucinação, quiser ir buscar a experiência na sua fonte, terá de reconhecer nela uma conjuntura excepcional, excepcionalmente positiva, que torna perceptível um gozar imperceptível, sonoro um gozar insonoro, ou visível um gozar invisível. A partir do instante em que asseguramos a positividade do gozar, a alucinação muda de registro e deixa de corresponder à ideia clássica que a toma por falsa percepção de algo inexistente. Ela se afirma, ao contrário, como percepção única, não ordinária, de algo que existe e que habitualmente não conseguimos detectar. Em síntese, *a alucinação não se define negativamente como uma falsa percepção, ela não se define somente como a assimilação do sujeito ao gozar, ela se define positivamente como o grau máximo de percepção do gozar.*

Uma observação: se insistimos tanto no gozar imperceptível, insonoro e invisível, que lição devemos tirar do curioso fenômeno chamado alucinação negativa, que consiste em alucinar a ausência, em perceber o furo, o silêncio ou a anestesia, ali onde há o cheio, o barulho, a sensação? Acabamos de propor: a alucinação é uma percepção excepcional de uma coisa que existe – o gozar; propomos agora: a alucinação negativa é uma percepção excepcional de uma coisa que existe e não se vê nem se ouve nem se sente – o gozar, de novo. Seria a alucinação negativa o derradeiro limiar de percepção do gozar? Esta é, em todo caso, uma maneira de entender o conselho de Freud, que recomenda não abordar primeiro a alucinação positiva, mas sim a alucinação negativa, se quisermos esclarecer o processo da experiência alucinatória e o do sonho, em particular. Por isso, Freud escreve: "Uma tentativa de explicação da alucinação deve principiar não com a alucinação positiva, mas com a alucinação negativa."[6]

Definitivamente, a realidade produzida por foraclusão, como a alucinação, diferencia-se de todas as outras pela experiência singular de levar o gozar ao estado perceptível. Já faz tempo que a psicanálise rompeu com o sensualismo, descobrindo que existiam dores e sentimentos inconscientes, bem como satisfações e insatisfações simbólicas, sendo todos esses gozos inconscientes, invisíveis, insonoros ou não sensíveis, gozos cuja existência supomos, mas não observamos diretamente. O gozo não é observável em si, mas através de suas manifestações no corpo, quer num corpo que padece, quer num corpo que age. Ora, a alucinação – e, em geral, toda realidade ou formação criada por foraclusão – nos incita a ir ainda mais longe: o gozar inconsciente, por mais abstrato e teórico que seja, pode excepcionalmente ser captado na dimensão do sensível, sem que o sujeito tenha consciência disso.

Entende-se, assim, que seria um erro reduzir a foraclusão e as formações psíquicas determinadas por ela a termos negativos de déficit ou de empobrecimento, já que a foraclusão envolve e põe em andamento tantos processos positivos. Mesmo sendo a abolição das funções significantes, a foraclusão não pode ser uma operação negativa, pois seu efeito é fundamentalmente o de tornar possível a apreensão sensível do gozar.

A formação de *a* produzida por foraclusão: a foraclusão do Nome-do-Pai torna o objeto *a* perceptível

Para concluir, retomemos o conjunto de nossas proposições. A realidade local chamada formação do objeto *a* produzida por foraclusão reúne, portanto, indissoluvelmente, dois aspectos: a consistência de uma trama fragmentária/maciça e a predominância de um gozar perceptível. A realidade ou formação engendrada por foraclusão é, pois, duplamente determinada como fragmentária/maciça, por um lado, e como gozo sensível, por outro. Mas como esses aspectos se articulam? Era essa a interrogação do psicanalista quando, diante do episódio clínico para o qual supunha uma origem foraclusiva, ele queria entender do ponto de vista metapsicológico como se organiza uma formação psíquica produzida por foraclusão. A pergunta do psicanalista poderia ser formulada assim. Em poucas palavras, afinal, que relação existe entre a apreensão sensível do gozo inconsciente e a fragmentação/compactação da trama da realidade local? Agora acreditamos poder responder destacando três tipos de relações entre o gozo inconsciente e a trama da realidade psíquica; três relações que caracterizarão a estrutura complexa de uma formação de *a* criada por foraclusão. Em primeiro lugar, uma relação de correspondência: a apresentação compacta do gozar em um ou vários fatos corresponde ao ordenamento maciço ou fragmentado da trama da realidade criada por foraclusão. Em segundo lugar, uma relação de condição: o objeto de gozo *a* só alcança, só pode alcançar seu estado de espécie perceptível se a operação foraclusiva desarticular a rede significante e impuser uma realidade na qual o gozar, livre das imagens, do sentido e dos significantes, se mostrar finalmente sob a sua qualidade sensível. Em outras palavras, as imbricações perceptivas fora do sistema só se tecem se, e somente se, a *função* do Nome-do-Pai for abolida.

Naturalmente, essas duas relações de correspondência e de condição se estabelecem em um par de termos bem individualizados: gozo sensível por um lado; consistência da trama da realidade por outro. Em contrapartida, a terceira relação, a mais essencial de todas e da qual ainda não falamos, postula esses dois termos, gozo e trama, como sendo uma única e mesma coisa. A foraclusão torna a consistência da trama gozosa, sensivelmente gozosa, e dá ao próprio gozo perceptível uma consistência compacta, congelada em um fato ou em uma multidão de fatos. Não se trata, aqui, como na fantasia, de três dimensões distintas e solidárias – o gozar que predomina, as imagens que recobrem e os significantes que organizam –, mas de uma única dimensão em que o gozo, recolhido em si mesmo, se fragmenta ou se congela. A realidade produzida por foraclusão é feita exclusivamente de gozo. Ora, se admitirmos a hipótese de que a trama da realidade engendrada por foraclusão é o próprio gozar perceptível, corremos o risco de acreditar equivocadamente que ocorreu uma transformação de um estado em outro, do estado significante da realidade do recalcamento para o estado-gozo da realidade da foraclusão. Concluiríamos equivocadamente: a foraclusão transforma os significantes num gozar sensível. E, ainda equivocadamente, justificaríamos essa conclusão relacionando-a com a tese exposta em "Um suplemento metapsicológico à teoria dos sonhos". Nesse artigo, Freud, com efeito, afirma que existe uma transformação das representações pré-conscientes de palavras em representações inconscientes de coisa, por via de regressão. Regressão que explicaria, em parte, o fenômeno da alucinação. A fórmula "a foraclusão transforma os significantes em um gozar sensível" tem decerto a vantagem da clareza, até mesmo da comodidade para ser aplicada, mas ela não é realmente correta. Pois falar de transformação ou de transmutação implicaria algo prévio, uma mesma substância que se transforma. Antes, ela seria feita de significantes e, depois, ela seria feita de gozo. Como se fossem dois estados distintos – um recalcante, o outro foraclusivo – de uma mesma realidade global. Não, não diremos "transformar", pois não se trata de uma mesma realidade que muda, mas de duas realidades que coexistem. Portanto, a foraclusão não transforma uma realidade em outra, mas constitui, efetivamente, uma nova realidade local, denominada *formação de* a *produzida por foraclusão*. Assim sendo, a fórmula correta seria esta: a foraclusão cria um novo lugar, o do gozar sensível, em substituição a outro lugar, o dos significantes. Ou então, e para terminar, parafraseando o aforismo da foraclusão:

> No lugar de uma realidade simbólica
> abolida, o sujeito descobre uma nova
> realidade compacta em que o gozar *a* é percebido.

5. Excertos das obras de S. Freud e J. Lacan sobre a foraclusão precedidos de nossos comentários

Os trechos em destaque que apresentam os excertos de Freud e de Lacan são de J.-D. N.

FREUD

O eu utiliza três defesas para não se lembrar de uma antiga experiência sexualmente traumática. Essa experiência está inscrita no inconsciente na forma de uma representação insuportável para o eu. As três defesas são: a conversão *histérica, a* transposição *obsessiva e a* rejeição *psicótica. As duas primeiras defesas consistem em livrar a representação insuportável de seu afeto, ou seja, em não mais vivê-la como insuportável e torná-la banal. Na histeria, o afeto é trasladado para o corpo (conversão histérica), e na obsessão, o afeto é trasladado para uma representação consciente (ideia fixa obsessiva). A terceira defesa, bem mais radical, consiste em rejeitar em bloco tanto a representação quanto o afeto que a investiu. É esta última defesa que nos interessa aqui.*

"Existe, contudo, uma espécie de defesa muito mais enérgica e eficaz. Nela, o eu rejeita a representação insuportável juntamente com seu afeto e se comporta como se a representação nunca tivesse chegado a ele ... O eu se arranca da representação insuportável, mas esta está inseparavelmente ligada a um fragmento da realidade, de modo que, ao realizar essa ação, o eu também se separa, na totalidade ou em parte, da realidade."[1] *Freud*

*

A foraclusão é a rejeição brutal para fora (projeção) da insuportável representação inconsciente, para que ela nunca mais volte à consciência. Contudo, expulse a representação da sua cabeça e ela retornará a galope como uma sensação corporal. Assim, a representação rejeitada volta logo em seguida ao sujeito na forma de uma sensação alucinada (voz, visão ou dor alucinadas), sensação muitas vezes acrescida de um delírio de perseguição (na esquizofrenia ou na paranoia, por exemplo).

"Em uma mulher surge o desejo de comércio com o homem. Ele sofre o recalque e este reaparece da seguinte forma: dizem por aí [boato] que ela tem o desejo, coisa que ela nega. O que aconteceu nessa espécie de recalcamento e de retorno característico de paranoia? Uma ideia [desejo de fazer amor] nascida dentro foi projetada para fora e retorna como uma realidade percebida [boato]."[2] *Freud*

*

Esta é uma frase de Freud em que ele distingue claramente os dois tempos da foraclusão, o da rejeição *e o do* retorno. *Contudo, mais que uma rejeição para fora, Freud considera que se trata de uma abolição dentro; e que esse tempo da abolição é menos importante que o tempo do retorno. Portanto, o sujeito abole em si a representação insuportável (o desejo de fazer amor, por exemplo) e a reencontra (retorno) transformada numa voz ameaçadora (boato persecutório).*

"Não foi correto dizer que o sentimento [desejo de fazer amor] reprimido interiormente foi projetado para fora; devemos antes dizer, vemos agora, que o que foi *abolido* interiormente *retorna* a partir de fora."[3] *Freud*

*

Três atitudes psíquicas do Homem dos Lobos em relação à representação insuportável (neste caso, representação da castração): ele esquece e não quer saber nada a respeito (recalcamento); ele a aceita aceitando sentir-se mulher (aceitação); e, por fim, ele ignora a castração como se ela não existisse (foraclusão). As três atitudes coexistem num mesmo indivíduo. A passagem de Freud que vocês lerão confirma nossa tese segundo a qual um sujeito pode foracluir (rejeitar) uma ideia repulsiva (a ideia da castração), sem que seja um sujeito psicótico.

"No fim das contas, existiam, lado a lado, duas correntes contraditórias nele [o Homem dos Lobos], uma das quais abominava a castração [*recalcamento*] ao passo que a outra estava disposta a aceitá-la e a se consolar com a feminilidade como substituto [*aceitação*]. Sem dúvida nenhuma, porém, a terceira corrente, a mais antiga e mais profunda, que tinha simplesmente *rejeitado* a castração [*foraclusão*], aquela para a qual ainda não podia estar em questão o juízo relativo à sua realidade, permanecia capaz de ser ativada."[4] *Freud*

*

Para Freud, cada um de nós pode, em alguns momentos, ser psicótico.

"Toda pessoa normal na verdade é apenas medianamente normal, seu eu se aproxima do eu do psicótico em maior ou menor medida."[5] *Freud*

"Não é raro que uma psicose de defesa venha interromper episodicamente o curso de uma neurose histérica."[6] *Freud*

*

Esta é uma passagem em que Freud confirma novamente nossa tese da foraclusão local, **defendendo a ideia da coexistência de duas atitudes, uma normal e outra psicótica (foraclusiva) em um mesmo indivíduo. Freud postula, pois, que em toda psicose, ou em toda neurose, ou seja, em cada um de nós, existe uma** clivagem do eu.

"O problema da psicose seria simples e claro se o eu se desligasse totalmente da realidade, mas isso só ocorre raramente, ou talvez nunca. Mesmo em estados tão afastados da realidade do mundo exterior, como os estados de confusão alucinatória (*amentia*), os doentes, depois de curados, declaram que num recesso de sua mente, conforme costumam expressar, uma pessoa normal permaneceu escondida, deixando passar diante de si toda a fantasmagoria mórbida, como se fosse um observador imparcial [o delirante é capaz de se observar delirando].

... Podemos, provavelmente, presumir que o que ocorre em todos os estados semelhantes [delírio e normalidade coexistindo num mesmo indivíduo] consiste em uma *clivagem* psíquica. Em vez de uma única atitude psíquica, existem duas; uma, a normal, leva em conta a realidade, ao passo que a outra, sob a influência das pulsões, desliga o eu da realidade. Ambas as atitudes coexistem, mas o desfecho depende de suas relativas potências. As condições necessárias para o aparecimento de uma *psicose* estão presentes quando a atitude *anormal* prevalece. Se a relação se inverter, ocorre a *aparente* cura da doença. Na verdade, as ideias delirantes apenas voltaram a se reintegrar ao inconsciente ... Dizemos, pois, que em toda psicose existe uma *clivagem do eu*, e se insistimos tanto nesse postulado é porque ele se vê confirmado em outros estados mais próximos das neuroses e, finalmente, também nestas últimas."[7] *Freud*

*

Mais uma citação em que Freud, identificando o sonho com uma psicose, mostra a coexistência, num único e mesmo indivíduo, de um funcionamento psicótico durante parte do sono e do funcionamento normal ao longo do dia.

"Logo, o sonho é uma psicose ... uma psicose de curta duração, é verdade, inofensiva e até mesmo útil, aceita pelo sujeito, que pode, por vontade própria, lhe pôr um ponto final, mas, ainda assim, uma psicose que nos mostra que mesmo uma modificação tão intensa da vida psíquica pode desaparecer e dar lugar a um funcionamento normal."[8] *Freud*

*

LACAN

O que é a foraclusão?

Na verdade, a foraclusão de uma ideia insuportável implica outra foraclusão bem mais radical: a foraclusão do princípio

que rege o mundo das ideias. Esse princípio é o juízo de atribuição (Bejahung), ou seja, o princípio que enuncia que toda coisa percebida imprime sua representação no psiquismo. Em suma, a foraclusão (Verwerfung), antes de ser foraclusão de uma ideia, é foraclusão do juízo de atribuição (Bejahung), isto é, impedimento de que uma coisa percebida imprima sua representação no psiquismo. Que a foraclusão seja foraclusão de uma ideia ou do princípio que rege as ideias, trata-se sempre de uma foraclusão local, *pois ela só opera no âmbito de uma única realidade psíquica local. Não esqueçamos que o eu está constituído por uma multidão de realidades psíquicas que existem simultaneamente.*

"O processo de que se trata aqui sob o nome de Verwerfung [foraclusão] ... trata-se exatamente do que se opõe à Bejahung primária e constitui como tal aquilo que é expulso. ... A Verwerfung, portanto, corta pela raiz qualquer manifestação da ordem simbólica, isto é, da Bejahung que Freud enuncia como o processo primário em que o juízo atributivo se enraíza."[9] Lacan

"[A foraclusão] se articula ... como a ausência da Bejahung, ou juízo de atribuição ..."[10] Lacan

*

Qual é o mecanismo da foraclusão?

O Nome-do-Pai é um lugar (S_1) que deve ser ocupado por um significante qualquer. Ora, na foraclusão, o significante chamado para ocupar esse lugar não vem; portanto, o lugar fica vazio. Aparece, então, um furo que não é apenas uma ausência

de significante, mas também uma ausência de significação fálica (significação sexual).

"De que se trata quando falo de *Verwerfung* [foraclusão]? Trata-se da rejeição de um significante primordial nas trevas exteriores ..."[11] *Lacan*

"A *Verwerfung* será tida por nós, portanto, como *foraclusão* do significante. No ponto em que ... é chamado o Nome-do-Pai, pode pois responder no Outro um puro e simples furo, o qual, pela carência do efeito metafórico, provocará um furo correspondente no lugar da significação fálica."[12] *Lacan*

"É num acidente desse registro [simbólico] e do que nele se realiza, a saber, na foraclusão do Nome-do-Pai no lugar do Outro, e no fracasso da metáfora paterna, que apontamos a falha que confere à psicose sua condição essencial ..."[13] *Lacan*

*

A foraclusão é sempre desencadeada por um chamado

Não pode haver foraclusão sem que um significante qualquer seja chamado a ocupar o lugar do Nome-do-Pai (S_1).

"Para que a psicose se desencadeie, é preciso que o Nome-do-Pai, *verworfen*, foracluído, isto é, jamais advindo no lugar do Outro, seja ali invocado em oposição simbólica ao sujeito."[14] *Lacan*

*

Dos dois tempos da foraclusão (rejeição e retorno), o do *retorno* é o mais importante porque é nesse momento que o sujeito sofre

Se no recalcamento *o recalcado e o retorno do recalcado são homogêneos, na* foraclusão *a rejeição e o retorno da rejeição são heterogêneos. Assim, a sensação alucinada (*retornando *na forma de uma falsa realidade exterior) é heterogênea à ideia rejeitada do mundo mental.*

"O que cai sob o golpe do recalque retorna, pois o recalque e o retorno do recalcado são apenas o direito e o avesso de uma mesma coisa. O recalcado está sempre aí, e ele se exprime de maneira perfeitamente articulada nos sintomas ... Em compensação, o que cai sob o golpe da *Verwerfung* [foraclusão] tem uma sorte completamente diferente."[15] Lacan

O Homem dos Lobos, quando criança, teve horror de imaginar que seu pai pudesse sodomizá-lo, ou seja, castrá-lo de sua virilidade. Ora, para se livrar dessa fantasia repugnante (representação insuportável), o eu do Homem dos Lobos a expulsa de sua cabeça para logo em seguida a reencontrar na forma de uma alucinação visual (alucinação do dedo cortado). Em última instância, a dor de ver seu dedo cortado é mais suportável que a dor de imaginar ser sodomizado pelo pai; a visão alucinada de um ferimento é mais suportável que a humilhante imaginação de se ver sodomizado.

"... tudo o que é recusado na ordem simbólica, no sentido da *Verwerfung* [foraclusão], reaparece no real ... que ele [o Homem dos Lobos] tenha rejeitado todo acesso à castração ... no registro da função simbólica ... tem ligação muito estreita com o fato de que

lhe tenha sucedido ter tido na infância uma curta alucinação ..."[16]
Lacan

A castração não simbolizada, que não veio à luz do simbólico (foraclusão do juízo de atribuição), reaparece no real. Lacan traduz aqui "verworfen" por "suprimido" e não por "foraclusão".

"Mas, com o que não foi deixado ser nessa *Bejahung* [juízo de atribuição], o que então advém? Freud nos disse inicialmente: o que o sujeito assim suprimiu (*verworfen*) da abertura para o ser, dizíamos, não será reencontrado em sua história, se designarmos por esse nome o lugar onde o recalcado vem a reaparecer. ... [pois] o sujeito *não quererá 'saber nada disso no sentido do recalque'.* Pois, com efeito, para que ele tivesse que conhecê-lo nesse sentido, seria preciso que isso, de algum modo, tivesse vindo à luz pela simbolização primordial. Mais uma vez, porém, que acontece com isso? O que acontece, vocês podem ver: *o que não veio à luz do simbólico aparece no real.*"[17] *Lacan*

A consequência clínica da foraclusão do Nome-do-Pai, ou seja, da não vinda de um significante ao lugar do Nome-do-Pai (S_1) em que era chamado, é um distúrbio da percepção sensorial (alucinação) e um enlouquecimento do imaginário (delírio).

"É a falta do Nome-do-Pai nesse lugar que, pelo furo que abre no significado, dá início à cascata de remanejamentos do significante de onde provém o desastre crescente do imaginário ..."[18]
Lacan

*
* *

Referências dos excertos citados sobre a foraclusão

1. "Les psychonévroses de défense", in *Névrose, psychose et perversion*, Paris, PUF, 1973, p.12-3 [ed. bras.: "As psiconeuroses de defesa", in *ESB* – Edição Standard das *Obras completas de Sigmund Freud*, vol.III, Rio de Janeiro, Imago, várias eds.].
2. Sigmund Freud e Carl Gustav Jung, *Correspondance (1906-1909)*, t.I, Paris, Gallimard, 1975, p.86.
3. "Remarques psychanalytiques sur l'autobiographie d'un cas de paranoïa (*Dementia paranoides*), (Le président Schreber)", in *Cinq psychanalyses*, Paris, PUF, 1973, p.315 [ed. bras.: "Notas psicanalíticas sobre um relato autobiográfico de um caso de paranoia (*Dementia paranoides*)", in *ESB*, vol.XII].
4. "Extrait de l'histoire d'une névrose infantile (L'Homme aux Loups)", in *Cinq psychanalyses*, op.cit., p.389 [ed. bras.: "Da história de uma neurose infantil (Homem dos Lobos)", in *ESB*, vol.XVII].
5. "L'analyse avec fin et l'analyse sans fin", in *Résultats, idées, problems*, II, Paris, PUF, 1985, p.250 [ed. bras.: "Análise terminável e interminável", in *ESB*, vol.XXIII].
6. "Les psychonévroses de défense", in *Névrose, psychose et perversion*, op.cit., p.13-4 [ed. bras.: "As psiconeuroses de defesa", in *ESB*, vol.III].
7. *Abrégé de psychanalyse*, Paris, PUF, 1978, p.77-8 [ed. bras.: "Esboço de psicanálise", in *ESB*, vol.XXIII].
8. Ibid., p.39.
9. "Resposta ao comentário de Jean Hyppolite sobre a 'Verneinung' de Freud", in *Escritos*, Rio de Janeiro, Jorge Zahar, 1998, p.389.
10. "De uma questão preliminar a todo tratamento possível da psicose", in *Escritos*, op.cit., p.564.
11. *O Seminário*, livro 3, *As psicoses*, Rio de Janeiro, Jorge Zahar, 1988, p.178.
12. "De uma questão preliminar a todo tratamento possível da psicose", in *Escritos*, op.cit., p.564.
13. Ibid., p.582.
14. Ibid., p.584.
15. *O Seminário*, livro 3, *As psicoses*, op.cit., p.21-2.
16. Ibid., p.22.
17. "Resposta ao comentário de Jean Hyppolite sobre a 'Verneinung' de Freud", in *Escritos*, op.cit., p.390.
18. "De uma questão preliminar a todo tratamento possível da psicose", in *Escritos*, op.cit., p.584.

6. Seleção bibliográfica sobre a foraclusão

Franzini, A. "Formations de l'objet et forclusion", conferência inédita, Séminaires Psychanalytiques de Paris, 1987.
Freud, Sigmund. "Extrait de l'histoire d'une névrose infantile (L'Homme aux Loups)", in *Cinq psychanalyses*. Paris, PUF, 1973, p.384-5, 389-90 [ed. bras.: "Da história de uma neurose infantil (Homem dos Lobos)", in *ESB*, vol.XVII].
_____. "Les psychonévroses de défense", in *Névrose, psychose et perversion*. Paris, PUF, 1973, p.1-14 [ed. bras.: "As psiconeuroses de defesa", in *ESB*, vol.III. Rio de Janeiro, Imago, várias eds.].
_____. "Nouvelles remarques sur les psychonévroses de défense", in *Névrose, psychose et perversion*. Paris, PUF, 1973, p.61-81 [ed. bras.: "Novos comentários sobre as psiconeuroses de defesa", in *ESB*, vol. III].
_____. "Remarques psychanalytiques sur l'autobiographie d'un cas de paranoïa (*Dementia paranoides*), (Le président Schreber)", in *Cinq psychanalyses*. Paris, PUF, 1973, p.312-5 [ed. bras.: "Notas psicanalíticas sobre um relato autobiográfico de um caso de paranoia (*Dementia paranoides*)", in *ESB*, vol.XII].
_____. *Abrégé de psychanalyse*. Paris, PUF, 1978, p.77-8 [ed. bras.: "Esboço de psicanálise", in *ESB*, vol.XXIII].
_____. "La négation", in *Résultats, idées, problèmes, II*. Paris, PUF, 1985, p.135-9 [ed. bras.: "A negação", in *ESB*, vol.XIX].
_____. e Jung, Carl Gustav. *Correspondance (1906-1909)*, t.I. Gallimard, 1975, p.86.
Lacan, Jacques. *... ou pire* (seminário inédito), lição de 9 fev 1972.
_____. *O Seminário*, livro 3, *As psicoses*. Rio de Janeiro, Jorge Zahar, 1988, p.21-2, 59-60, 99-101, 105-6, 173, 177-9, 184-5, 236-7, 294, 369-70.
_____. *Escritos*. Rio de Janeiro, Jorge Zahar, 1998, p.13, 362, 365, 387-93, 564, 569-70, 581-9, 676-7, 888-9.
Lefèvre, A. "Les psychoses transitoires à la lumière du concept de forclusion locale", in J.-D. Nasio. *Les grands cas de psychose*. Paris, Payot, 2000, p.271-94 [ed. bras.: *Os grandes casos de psicose*. Rio de Janeiro, Jorge Zahar, 2001].

Nasio, J.-D. "Le concept de forclusion", in *Enseignement de 7 concepts cruciaux de la psychanalyse*. Paris, Payot, 1992, p.221-2 [ed. bras.: *Lições sobre os 7 conceitos cruciais da psicanálise*. Rio de Janeiro, Jorge Zahar, 1989].

_____. "L'hallucination: un point de vue psychanalytique" e "Naissance d'une hallucination", in *L'Inconscient à venir*. Paris, Rivages, 1993, p.201-45.

_____. *Cinq leçons sur la théorie de Jacques Lacan*. Paris, Payot, 1994, p.192-222 [ed. bras.: *5 lições sobre a teoria de Jacques Lacan*. Rio de Janeiro, Jorge Zahar, 1993].

_____. "Le fantôme de l'aimé disparu", in *La douleur d'aimer*. Paris, Payot, 2005, p.48-52 [ed. bras.: *A dor de amar*. Rio de Janeiro, Jorge Zahar, 2007].

_____. "Comment travaille un psychanalyste en 2007? Le cas de l'Homme en Noir", conferência inédita de 2 out 2007, em que foi proposto o novo conceito de **foraclusão voluntária operada pelo psicanalista**.

_____. "Marie, une jeune anorexique souffrant de psychose, hallucine l'image de son corps", in *Mon corps et ses images*. Paris, Payot, 2008, p.84-9 [ed. bras.: *Meu corpo e suas imagens*. Rio de Janeiro, Jorge Zahar, 2009].

_____. "Joël ou ma peur de découvrir une psychose", in *Un psychanalyste sur le divan*. Paris, Payot, 2009, p.27-34, 178-82 [ed. bras.: *Um psicanalista no divã*. Rio de Janeiro, Jorge Zahar, 2003].

Vaccareza, L. "Les grands auteurs de la psychanalyse et leurs cas cliniques: J.-D. Nasio et la forclusion locale", conferência inédita, Escola de Clínica Psicanalítica de Barcelona, 2009.

Notas

Os olhos de Laura: o analista percebe uma emoção em estado puro, destacada do paciente que a sente (p.13-26)

1. Sigmund Freud, "Quelques considérations pour une étude comparative des paralysies motrices organiques et histeriques", in *Résultats, idées, problèmes*, I, Paris, PUF, 1984, p.45-59 [ed. bras.: "Alguns pontos para um estudo comparativo da paralisia motora histérica e da paralisia motora orgânica", in *ESB* – Edição Standard das *Obras completas de Sigmund Freud*, vol.I, Rio de Janeiro, Imago, várias eds.].
2. Ibid., p.57.
3. O olhar é uma das manifestações possíveis do objeto *a*.

1. A transferência simbólica (p.27-51)

1. Sigmund Freud (em colab. com Josef Breuer), *Études sur l'hystérie*, Paris, PUF, 1967, p.234-5 [ed. bras.: *Estudos sobre a histeria*, ESB, vol.II].
2. No seu seminário de 1961-62, "A identificação" (inédito), Lacan retoma, corrigindo-o, o quadrante ou quadrado lógico de Peirce, que reúne as diferentes proposições categoriais universais e particulares de Aristóteles. Quadrado originalmente estabelecido por Apuleio em seu *Peri hermeneias*, texto que faz parte do Livro 1 "De Platone e Eivs Dogmate", in *Opuscules philosophiques et fragments*, Paris, Les Belles Lettres, 1973.
3. Jacques Lacan, *O Seminário*, livro 20, *Mais, ainda*, Rio de Janeiro, Jorge Zahar, 1985, p.102.
4. P.M. Doran (org.), *Conversations avec Cézanne*, Paris, Macula, 1978, p.109.
5. Lembremos que a referida substituição é, na verdade, uma condensação. Ver p.40-1.
6. Sigmund Freud, "La disposition à la névrose obsessionnelle", in *Névrose, psychose et perversion*, Paris, PUF, 1973, p.192 [ed. bras.: "A disposição à neurose obsessiva", in *ESB*, vol.XII].

7. Sigmund Freud, *La technique psychanalytique*, Paris, PUF, 1970, p.66 [ed. bras.: "Recomendações aos médicos que exercem a psicanálise", in *ESB*, vol.XII].
8. Sigmund Freud, *Résultats, idées, problèmes, II*, Paris, PUF, 1985, p.288 [ed. bras.: "Achados, ideias, problemas", in *ESB*, vol.XXIII].
9. Lacan, em "Televisão", formula uma questão parecida: "Será que o inconsciente implica que se o escute? A meu ver, sim", in *Outros escritos*, Rio de Janeiro, Jorge Zahar, 2003, p.517.
10. Jacques Lacan, *O Seminário*, livro 11, *Os quatro conceitos fundamentais da psicanálise*, Rio de Janeiro, Jorge Zahar, 1985, p.125.
11. *Scilicet 6-7*, Paris, Seuil, 1976, p.25. Freud pensava exatamente a mesma coisa. Sua restrição à interpretação dos sonhos fora da situação analítica era a seguinte: "Interpretar os sonhos fora da análise não teria qualquer utilidade para quem se propusesse a fazê-lo. A interpretação dos sonhos que ignorasse as associações do sonhador seria, no melhor dos casos, uma façanha nada científica e de valor muito duvidoso" ("Quelques additifs à l'ensemble de l'interprétation des rêves", in *Résultats, idées, problèmes, II*, op.cit., p.142 [ed. bras.: "Alguns comentários adicionais sobre a interpretação dos sonhos como um todo", in *ESB*, vol.XIX].)

2. As formações do objeto *a* (p.53-78)

1. Henri Poincaré, *Dernières pensées*, Paris, Flammarion, 1913, p.92.
2. Sigmund Freud, *Trois essais sur la théorie sexuelle*, Paris, Gallimard, 1987, p.38 [ed. bras.: "Três ensaios sobre a teoria da sexualidade", in *ESB*, vol. VII].
3. Freud concebeu diversos sentidos para o conceito de objeto, mas nunca variou sobre a sua natureza fantasística. Um dos textos mais esclarecedores a esse respeito é justamente esta resposta que ele dá a Jung numa carta de abril de 1907. Nela, recusa firmemente a suposição de considerar o objeto uma pessoa real e sublinha, ao contrário, seu estatuto fantasístico. Sigmund Freud e Carl Gustav Jung, *Correspondance (1906-1909)*, t.I, Paris, Gallimard, 1975, p.87 e 95.
4. "Lettres à Fliess" (n.78), in *La naissance de la psychanalyse*, Paris, PUF, 1979, p.210.
5. Sigmund Freud, "Le moi et le ça", in *Essais de psychanalyse*, Paris, Payot, 1981, p.230-1 [ed. bras.: "O eu e o isso", in *ESB*, vol.XIX].
6. Jacques Lacan, *L'Objet de la psychanalyse* (seminário inédito), lição de 5 jan 1966.

7. No campo da física, encontramos uma formalização similar a respeito da energia. De um ponto de vista aplicado, existem seis formas principais de energia (mecânica, luminosa etc.), mas de um ponto de vista formal, há uma única energia, uma única invariante definida como um valor constante e calculável.
8. J.-D. Nasio, *Introduction à la topologie de J. Lacan*, Paris, Payot, 2010 [ed. bras.: *Introdução à topologia de Lacan*, Rio de Janeiro, Jorge Zahar, a sair].
9. Nos próximos capítulos, dedicados à foraclusão e ao exemplo da alucinação, retomaremos detalhadamente as expressões "sujeito fragmentado" ou "sujeito compacto". Conforme os efeitos sobre a estrutura provocados pela foraclusão: efeitos de fragmentação ou de compacidade.
10. Sigmund Freud, "Dostoievski et le parricide" (prefácio de *Os irmãos Karamazov*), in *Résultats, idées, problèmes, II*, Paris, PUF, 1985, p.161-79 [ed. bras.: "Dostoievski e o parricídio", in *ESB*, vol.XXI].
11. Jacques Lacan, *L'Identification* (seminário inédito), lição de 23 mai 1962. A relação entre o sujeito, o corte e o objeto é tratada detalhadamente em nossa *Introdução à topologia de Lacan*, op.cit.
12. Sigmund Freud, "Dostoievski et le parricide", in *Résultats, idées, problèmes, II*, op.cit., p.174 [ed. bras.: "Dostoievski e o parricídio", in *ESB*, vol.XXI].

3. A foraclusão local: um conceito novo para entender melhor a psicose e explicar por que cada um de nós passa inevitavelmente por momentos de loucura (p.79-108)

1. Para ilustrar nosso conceito de *sujeito folhado*, fiz uso de um objeto topológico chamado *superfície de Riemann*. O leitor poderá encontrar o desenho da superfície de Riemann e seu comentário em "Le concept de Sujet de l'inconscient", intervenção pronunciada no seminário de Jacques Lacan em 15 de maio de 1979, in J.-D. Nasio, *Cinq leçons sur la théorie de Jacques Lacan*, Paris, Payot, 2001, p.224-7 [ed. bras.: *5 lições sobre a teoria de Jacques Lacan*, Rio de Janeiro, Jorge Zahar, 1993].
2. Sigmund Freud, *Névrose, psychose et perversion*, Paris, PUF, 1973, p.1-14 e p.61-81 [ed. bras.: "Neurose e psicose", in *ESB*, vol.XIX].
3. Ibid., p.12, 13 [ed. bras.: "Neurose e psicose", in *ESB*, vol.XIX].
4. "A projeção é uma espécie de recalcamento no qual a representação se torna consciente na forma de percepção" e, mais adiante, "a representação de objeto destituída do investimento que a designava como

interna pode ser tratada como uma percepção ... e, por assim dizer, *ser acolhida friamente por um momento*" (Sigmund Freud e Carl Gustav Jung, *Correspondance (1906-1909)*, t.I, Paris, Gallimard, 1975, p.88, 95s.). Para a distinção representação/percepção e a transformação de uma em outra, ver também "Complément métapsychologique à la théorie du rêve", in *Métapsychologie*, Paris, Gallimard, 1940, p.140 [ed. bras.: "Um suplemento metapsicológico à teoria dos sonhos", in *ESB*, vol.XIV].

5. Sigmund Freud, "Les psychonévroses de défense", in *Névrose, psychose et perversion*, op.cit., p.12 [ed. bras.: "Neurose e psicose", in *ESB*, vol.XIX].

6. O caráter parcial e, por assim dizer, enquistado do episódio alucinatório está claramente exposto por Freud na p.202 de *Études sur l'hystérie*, Paris, PUF, 1968 [ed. bras.: *Estudos sobre a histeria*, in *ESB*, vol.II]. Ao se referir aos ditos acessos agudos de confusão alucinatória, sobrevindos durante uma histeria, ele escreve: "Esses estados são, em muitos casos, psicóticos e no curso posterior da histeria esse tipo de psicose se repete, embora nada mais seja que a fase psicótica do acesso."

7. Sigmund Freud, *Abrégé de psychanalyse*, Paris, PUF, 1978, p.77 [ed. bras.: "Esboço de psicanálise", in *ESB*, vol.XXIII].

8. O conceito de sucessor que utilizamos vem de um dos cinco axiomas com os quais Peano formaliza a série dos números naturais. Caso quiséssemos aplicar estritamente essa axiomática à nossa lógica dos significantes, seria preciso considerar que uma realidade tida por intolerável pelo eu corresponde ao zero, isto é, ao número que não é sucessor de nenhum número. Estabelecemos, pois, o seguinte paralelo: o conjunto dos significantes (S_2), o Um (S_1) e a significação sexual (realidade intolerável da castração) correspondem, respectivamente, às unidades de uma série (S_2), ao elemento sucessor (S_1) e ao zero (significação sexual intolerável). Sobre a axiomática de Peano, remeto à excelente apresentação de R. Blanché, *L'Axiomatique*, Paris, PUF, 1959, p.34-5.

9. Sigmund Freud, "Les psychonévroses de défense", in *Névrose, psychose et perversion*, op.cit., p.12-3 [ed. bras.: "Neurose e psicose", in *ESB*, vol. XIX]. Por meio de diversas formulações, Freud concebe, ao longo de toda a sua obra, realidades psíquicas diferentes, mas coexistentes num mesmo indivíduo. Assim, por exemplo, nas *Cinq leçons sur la psychanalyse*, Paris, Payot, 1978, p.19 [ed. bras.: "Cinco lições de psicanálise", in *ESB*, vol.XI], ele escreve: "O estudo dos fenômenos hipnóticos nos acostumou com a concepção, de início estranha, de que num único e mesmo indivíduo pode haver vários agrupamentos psíquicos, suficientemente independentes, para que nada saibam uns dos outros." E 20 anos depois, no *Abrégé de psychanalyse*, op.cit., p.78-9 [ed. bras.:

"Esboço de psicanálise", in *ESB*, vol.XXIII]: "Em vez de uma única atitude psíquica, existem duas; uma, a normal, leva em conta a realidade, ao passo que a outra, sob a influência das pulsões, desliga o eu da realidade. Ambas as atitudes coexistem." E mais adiante: "Essas duas atitudes persistem ao longo de toda a vida sem se influenciar mutuamente. Não é isso o que se qualifica de *clivagem do eu*?" Sobre o tema da coexistência de duas correntes antagônicas no eu, pode-se ler também J. Bleger, *Symbiose et ambiguïté*, Paris, PUF, 1981, p.303-47.

10. Sigmund Freud, "Les psychonévroses de défense", in *Névrose, psychose et perversion*, op.cit., p.4 e 12 [ed. bras.: "Neurose e psicose", in *ESB*, vol. XIX]. E, num outro texto belíssimo, mais antigo (1893), ele escreve: "A histérica se comporta ... *como se a anatomia não existisse*, ou como se ela não tivesse qualquer conhecimento a respeito dela." Algumas páginas mais adiante ainda: "O braço [a representação psíquica do braço] se comporta *como se ele não existisse* para o jogo das associações." Ver "Paralysies motrices organiques et hystériques", in *Résultats, idées, problèmes*, I, Paris, PUF, 1984, p.55 e 57 [ed. bras.: "Alguns pontos para um estudo comparativo da paralisia motora histérica e da paralisia motora orgânica", in *ESB*, vol.I]. E 40 anos depois, num texto de 1936, como se perseguido por essas três palavras ("*como se ele não existisse*"), Freud retoma exatamente a mesma ideia e a mesma expressão. Escreve que, diante da má notícia que o aflige, o rei Boabdil "decide tratar a notícia *como não recebida*" ("Un trouble de mémoire sur l'Acropole", in *Résultats, idées, problèmes, I*, op.cit., p.228) [ed. bras.: "Um distúrbio de memória na Acrópole", in *ESB*, vol.XXII].
11. Sigmund Freud, "Remarques psychanalytiques sur l'autobiographie d'un cas de paranoïa (Dementia paranoides), (Le président Schreber)", in *Cinq psychanalyses*, Paris, PUF, 1973, p.315 [ed.bras.: "Notas psicanalíticas sobre um relato autobiográfico de um caso de paranoia (*Dementia paranoides*)", in *ESB*, vol.XII]. Essa frase é uma resposta e uma correção feitas por Freud à definição da projeção estabelecida por ele algumas páginas antes.
12. "O que não veio à luz do simbólico aparece no real", Jacques Lacan, *Escritos*, Rio de Janeiro, Jorge Zahar, p.390.
13. De fato, o significante-chamado nada mais é do que o último significante da série que ocupa a posição de sucessor, isto é, o lugar daquele que espera a sua vez para se tornar S_1. No contexto da lógica significante, o chamado teria de ser explicado da seguinte maneira: o significante chamado a vir no lugar do Um é solicitado por aquele que ali já se encontra. Quando o sucessor chega e ocupa o lugar de S_1, ele se funde com o significante que o ocupava antes dele.

14. O significante-chamado pode adotar a forma de um sonho que solicita do sonhador, uma vez desperto, uma resposta que ele não tem condições de dar. Essa impotência para responder vai desencadear a primeira crise delirante de Schreber.
15. Sigmund Freud, *Résultats, idées, problèmes, II*, Paris, PUF, 1984, p.278 [ed. bras.: "Achados, ideias, problemas", in *ESB*, vol.XXIII].
16. A partir da distinção entre "dizer" e "dito", sendo o primeiro uma função e o segundo, um elemento, Lacan define a foraclusão como uma operação que incide sobre a função: "A foraclusão deve ser situada no ponto onde escrevemos o termo 'dito' da função. Não há foraclusão senão do 'dizer.'" ...*ou pire* (seminário inédito), lição de 9 fev 1972.
17. Ao falar da distorção da realidade na psicose, Lacan escreve: "O que a distorce, ou seja, excêntricos remanejamentos do imaginário e do simbólico"; e mais adiante: "É a falta do Nome-do-Pai nesse lugar que, pelo furo que abre no significado, dá início à cascata de remanejamentos do significante de onde provém o desastre crescente do imaginário" ("De uma questão preliminar a todo tratamento possível da psicose", in *Escritos*, op.cit., p.580 e 584). Ver nosso comentário sobre essa citação na p.135 desta obra.
18. "Chegaria até a formular que, quando não há intervalo entre S_1 e S_2, quando a primeira dupla de significantes se solidifica, se holofraseia, temos o modelo de toda uma série de casos", e mais adiante, ao explicar o fenômeno da crença psicótica: "Essa solidez, esse apanhar a cadeia significante em massa" (*O Seminário*, livro 11, *Os quatro conceitos fundamentais da psicanálise*, Rio de Janeiro, Jorge Zahar, 1985, p.231).
19. Em seu seminário inédito *L'Acte psychanalytique* (lição de 6 dez 1967), Lacan aborda a ideia proposta por Winnicott de "congelamento da situação de falta" (*freezing*). Ele estabelece uma relação entre esse conceito e certas "consequências psicóticas".
20. Sigmund Freud, *La naissance de la psychanalyse*, Paris, PUF, 1979, p.270.
21. Jacques Lacan, *R.S.I.* (seminário inédito), lição de 14 jan 1975.
22. Rigorosamente falando, o real é o desconhecido ou, mais exatamente, o que espera ser conhecido. O real é uma promessa, a promessa de saber. Dizer "real" equivale a declarar: "Amanhã tentaremos nomear o que não conhecemos e ainda não vivemos." O real é o que nos resta para descobrir e para fazer, nada mais que isso. No entanto, uma vez conhecido, uma vez vivido, o real se desloca para continuar se afirmando como o desconhecido que resta decifrar.

4. Objeto *a* e foraclusão (p.109-123)

1. Não haverá outra maneira de formular o problema do gozo que não nos dê essa impressão de entidade inapreensível? Freud nos deixou uma sugestão preciosa que não exploraremos agora: pensar o gozo em termos qualitativos de ritmos e variações temporais de ritmos ("Le problème économique du masochisme", in *Névrose, psychose et perversion*, Paris, PUF, 1973, p.288 [ed. bras.: "O problema econômico do masoquismo", in *ESB*, vol.XIX].)
2. Esse movimento de retorno sobre si, de autopercepção de si gozando, evoca os *fenômenos de autoscopia* nos quais o alucinado percebe seus próprios órgãos internos em plena atividade; ele "vê" com nitidez, por exemplo, as vértebras e a disposição particular delas (P. Sollier, *Les phénomènes d'autoscopie*, Paris, Alcan, 1903).
3. Sigmund Freud, "Complément métapsychologique à la téorie du rêve", in *Métapsychologie*, Paris, Gallimard, 1940, p.125-46 [ed. bras.: "Um suplemento metapsicológico à teoria dos sonhos", in *ESB*, vol.XIV].
4. Ibid., p.143-4.
5. Ibid., p.141.
6. Ibid., p.142n.

Índice temático

abolição
    a foraclusão não é uma rejeição, mas a *abolição* de um movimento que deveria ter se produzido, 98-100, 102-3, 117, 128-9
algoritmo eficaz, 57, 60-1n
alucinação negativa, 120-1
analista
    o analista e suas intervenções no tratamento, 30-1, 34-5, 43-8
ato falho; o ato falho é um ato bem-sucedido do inconsciente, 39
automatismo conceitual fecundo, 96-7
autopercepção de nossas pulsões, 65, 66
autoscopia (alucinação mediante a qual acreditamos ver a nós mesmos ou ver nossos próprios órgãos), 149n2

cadeia borromeana, 105
castração, 89-90, 91, 92, 93-4, 95
castrações múltiplas, 95-6
compacidade da estrutura (solidificação), 89, 90, 104, 105-6, 119-20, 122, 148ns18 e 19

dentro/fora, 41-2, 49-51, 56, 58, 64-7, 76, 90-1, 92, 94-5, 99, 103, 117, 128-9
desejo do analista e desejo do analisando, um *único* desejo, 23-4, 78
desencadeamento da foraclusão (chamado), 98, 101-3, 133, 147n13
diz-mensão (e fazer-mensão), 58-9
dor inconsciente, 116, 120-1

espacialidade do aparelho psíquico, 50
espacialização do objeto *a*, 67s
eu
    três defesas do eu contra a representação intolerável, 82, 88, 127-8
    o eu percebe inconscientemente as imagens marcadas pelo desejo, 25, 72-3
    o eu alucina o eu, ou melhor: o eu alucina o supereu, 90-1
    o eu é o conjunto das realidades produzidas por recalcamento e das realidades produzidas por foraclusão, 97(fig.3)
exame da realidade: a alucinação é possível porque o exame da realidade é abolido, 117-8

falo imaginário (-φ), 68, 72-3
fazer: o fazer é a expressão clínica das formações do objeto *a*, 56-9

foraclusão e *foraclusão local*, 9, 11-2, 81s, 84
foraclusão e recalcamento, 9-10, 82-4
a foraclusão é uma não resposta ao chamado do Outro, 101-2, 133
foraclusão não do significante do Nome-do-Pai, mas do movimento que instala o significante no *lugar* do Nome-do-Pai, 102-3, 131-2
a foraclusão é uma *anestesia das sensações e da consciência*, 83
foraclusão voluntária operada pelo psicanalista quando escuta, 25-6, 45, 45n, 48n, 86-7, 140
formações do objeto a
necessidade clínica, prática e teórica do conceito de formação do objeto a, 57-8
diferença entre as formações do objeto a e as formações do inconsciente, 55s
o objeto errático, 68, 70, 71-2, 73(fig.2), 74, 75-6, 77
o objeto da fantasia, 68-9, 71, 73(fig.2), 74
o objeto imaginário, 68, 70, 72-3, 73(fig.2)
o objeto a como nome (algoritmo eficaz), 57, 60-1, 60-1n
como o objeto a é percebido?, 66s, 114s, 119s
o objeto a e o real, 61-2
o objeto a é um gozar fora do corpo (ou mais-de-gozar), 64-5
gozo
definição do gozo, 61-3, 112-3
gozo fora do corpo, 64
onde situar o gozo na dinâmica entre o inconsciente, o pré-consciente e o consciente?, 65-6
gozo e ritmo, 149n1
o sujeito alucinado *é* o gozar da experiência alucinatória, 113-4
o sujeito percebe seu gozar inconsciente, 114-5, 149n2
a foraclusão torna o gozar perceptível, 121s
histeria, 15-20, 147n10
ataque histérico, 37
conversão histérica, 19, 88, 95, 127-8
percepção histérica das formas imaginárias, 17-20
identificação (com o significante e com o objeto da alucinação), 76-7, 113-4
imersão-mergulho, 68, 68n, 69-70
inconsciente
o inconsciente fala com as palavras do pré-consciente, 65-6
o inconsciente é um *saber*, 32-3, 39
o inconsciente é *produzido* no tratamento, 42
o inconsciente é comum ao analista e a seu paciente, 42-3, 48n
o inconsciente existe fora da análise?, 50-1, 144ns9, 10 e 11
o inconsciente instrumental do psicanalista é um captador do inconsciente do analisando, 47-8, 48n

interpretação, 43-8
   a interpretação é o retorno no analista do recalcado do paciente, 47
juízo de atribuição (foracluído), 135
loucos (*somos todos loucos*), 7, 8-9
matema, 57, 61-2n
Nome-do-Pai: o Nome-do-Pai é um *lugar*, 101
Nomes-do-Pai: os Nomes-do-Pai são tão múltiplos, locais e de acontecimentos quanto as castrações, 101
objeto: o que é o objeto para a psicanálise?, 60s
olhar: o olhar como manifestação do objeto *a*, 24
Outro (do saber, do gozo e Outro Um), 34-5
par significante, 39-40, 41, 47-8, 93s, 98, 104-5
percepção inconsciente
   três modalidades diferentes de percepção do objeto, 67s, 73s
   percepção de uma imagem, 72-3
   percepção e percebido fora do sistema (mistos perceptivos), 118-9
projeção (rejeição de uma representação insuportável), 128
real, 61-2, 103, 106-8, 148n22
realidade psíquica (da castração), 89, 94-5, 122-3
   coexistência das realidades produzidas por recalcamento e das realidades produzidas por foraclusão, 73(fig.2), 85, 95-7, 97(fig.3)
silêncio em si, 25-6, 44-6, 86
sonho (como interpretá-lo), 30, 37
   o sonho é uma psicose, 131
sujeito folhado, 8-9, 84-5, 145n1
   ilustrado pela *superfície de Riemann*, 145n1
sujeito fragmentado (por oposição a sujeito dividido), 70, 73(fig.2), 75-6, 77, 145n9
sujeito-suposto-saber, 34-5, 36, 48-9
supereu (supereu alucinado), 90-1
transferência
   como a transferência se atualiza?, 55, 58
      a transferência como meio em que o objeto *a*, entidade abstrata, torna-se um gozar perceptível, 69-70
tratamento e experiência da análise, 29-30, 49n
trauma: o trauma da histérica pode ser explicado como um *trauma emprestado*, emprestado de uma boneca que fez diferença na infância da paciente, 18-9
   a foraclusão é perceber uma realidade *traumática*, 82-3
um a mais, 40-1

Índice de nomes

Apuleio, 40, 143n2
Aristóteles, 143n2

Blanché, Robert, 146n8
Bleger, José, 146-7n9
Bollack, Jean, 118n

Cézanne, Paul, 26, 45, 143n4
Charcot, Jean Martin, 20

Dostoievski, Fedor Mikhailovitch, 73, 74, 75, 145n10 e 12

Empédocles, 118n

Flechsig, Paul Emil, 102
Fliess, Wilhelm, 65, 66n, 144n4
Frege, Gottlob, 40

Hamlet, 75, 76, 77

Jung, Carl Gustav, 63, 136n2, 139, 144n3, 145-6n4

Karamazov, 74, 76, 145n10

Peano, Giuseppe, 40, 146n8
Peirce, Charles Sanders, 36, 40, 143n2
Poincaré, Henri, 60, 144n1

Riemann, Georg Friedrich Bernhard, 145n1

Schreber, Daniel Paul, 102, 104, 136n3, 139, 147n11, 148n14
Sollier, Paul, 149n2

Winnicott, Donald Woods, 148n19

Índice geral

Prefácio à nova edição: O que é estar louco?   7

Os olhos de Laura: o analista percebe uma emoção
em estado puro, destacada do paciente que a sente   13

1. A transferência simbólica   27

    O surgimento de um dito inesperado na fala do paciente
funda a transferência simbólica   29

    O inconsciente é um saber porque sabe se manifestar
nos momentos mais propícios do tratamento   32

    O dito do paciente é não só um signo, mas também
um significante   35

    O par significante: o significante Um e os significantes outros   39

    Duas proposições sobre a transferência simbólica:
o inconsciente só existe quando se exterioriza; e
só existe inconsciente compartilhado   41

    A interpretação é o retorno ao analista do recalcado do paciente   43

    Tese final sobre a transferência simbólica: *o inconsciente e
a transferência são uma única e mesma coisa*   48

2. As formações do objeto *a*   53

    Qual a diferença entre as formações do inconsciente e
as formações do objeto *a*?   55

    Definição do objeto *a*   60

    As formações do objeto *a*: observação preliminar   66

    Espacialização do objeto *a*   67

    As três formações do objeto *a*   70

    Um exemplo em Freud   73

3. A foraclusão local: um conceito novo para entender melhor a psicose e explicar por que cada um de nós passa inevitavelmente por momentos de loucura 79

O que é a foraclusão local?   81

Antecedentes freudianos do conceito lacaniano de foraclusão   87

Localidade da foraclusão   93

O mecanismo da foraclusão, o estatuto do foracluído e o chamado   98

Efeitos da foraclusão: uma consistência maciça
ou fragmentária   103

O que quer dizer "... reaparece no real"?   106

4. Objeto *a* e foraclusão 109

O exemplo da alucinação   111

Perceber o objeto *a*: a diferença entre a fantasia e a alucinação   114

A foraclusão é uma operação positiva e não negativa   119

A formação de *a* produzida por foraclusão:
a foraclusão do Nome-do-Pai torna o objeto *a* perceptível   121

**5. Excertos das obras de S. Freud e J. Lacan sobre
a foraclusão precedidos de nossos comentários** 125

6. Seleção bibliográfica sobre a foraclusão 137

Notas 141
Índice temático 151
Índice de nomes 157

Coleção Transmissão da Psicanálise

Não Há Relação Sexual
Alain Badiou

Fundamentos da Psicanálise de Freud a Lacan
(3 volumes)
Marco Antonio Coutinho Jorge

Histeria e Sexualidade Transexualidade
Marco Antonio Coutinho Jorge; Natália Pereira Travassos

Por Amor a Freud
Hilda Doolittle

A Criança do Espelho
Françoise Dolto e J.-D. Nasio

O Pai e Sua Função em Psicanálise
Joël Dor

Introdução Clínica à Psicanálise Lacaniana
Bruce Fink

A Psicanálise de Crianças e o Lugar dos Pais
Alba Flesler

Freud e a Judeidade
Betty Fuks

A Psicanálise e o Religioso
Phillipe Julien

O Que É Loucura?

Simplesmente Bipolar
Darian Leader

5 Lições sobre a Teoria de Jacques Lacan

9 Lições sobre Arte e Psicanálise

Como Agir com um Adolescente Difícil?

Como Trabalha um Psicanalista?

A Dor de Amar
A Dor Física
A Fantasia
Os Grandes Casos de Psicose
A Histeria
Introdução à Topologia de Lacan
Introdução às Obras de Freud, Ferenczi, Groddeck, Klein, Winnicott, Dolto, Lacan
Lições sobre os 7 Conceitos Cruciais da Psicanálise
O Livro da Dor e do Amor
O Olhar em Psicanálise
Os Olhos de Laura
Por Que Repetimos os Mesmos Erros?
O Prazer de Ler Freud
Psicossomática
O Silêncio na Psicanálise
Sim, a Psicanálise Cura!
J.-D. Nasio

Guimarães Rosa e a Psicanálise
Tania Rivera

A Análise e o Arquivo
Dicionário Amoroso da Psicanálise
Em Defesa da Psicanálise
Freud – Mas Por Que Tanto Ódio?
Lacan, a Despeito de Tudo e de Todos
O Paciente, o Terapeuta e o Estado
A Parte Obscura de Nós Mesmos
Retorno à Questão Judaica
Sigmund Freud na sua Época e em Nosso Tempo
Elisabeth Roudinesco

O Inconsciente a Céu Aberto da Psicose
Colette Soler

1ª EDIÇÃO [2011] 1 reimpressão

ESTA OBRA FOI COMPOSTA POR LETRA E IMAGEM EM MINION PRO E META PRO
E IMPRESSA EM OFSETE PELA GEOGRÁFICA SOBRE PAPEL ALTA ALVURA
DA SUZANO S.A. PARA A EDITORA SCHWARCZ EM AGOSTO DE 2021

A marca FSC® é a garantia de que a madeira utilizada na fabricação do papel deste livro provém de florestas que foram gerenciadas de maneira ambientalmente correta, socialmente justa e economicamente viável, além de outras fontes de origem controlada.